U0510750

Research on Public Service System
of Tourist Destinations

旅游目的地
公共服务体系研究

李 剀◇著

中国社会科学出版社

图书在版编目（CIP）数据

旅游目的地公共服务体系研究／李剀著．—北京：中国社会科学出版社，
2023.12

ISBN 978 - 7 - 5227 - 3277 - 0

Ⅰ.①旅⋯　Ⅱ.①李⋯　Ⅲ.①旅游地—旅游服务—经济史—研究—
中国—清后期 - 民国　Ⅳ.①F592.9

中国国家版本馆 CIP 数据核字（2024）第 053889 号

出 版 人	赵剑英
选题策划	宋燕鹏
责任编辑	金　燕
责任校对	李　硕
责任印制	李寡寡

出　　版	中国社会科学出版社
社　　址	北京鼓楼西大街甲 158 号
邮　　编	100720
网　　址	http://www.csspw.cn
发 行 部	010 - 84083685
门 市 部	010 - 84029450
经　　销	新华书店及其他书店

印刷装订	三河市华骏印务包装有限公司
版　　次	2023 年 12 月第 1 版
印　　次	2023 年 12 月第 1 次印刷

开　　本	710 × 1000　1/16
印　　张	13.5
字　　数	201 千字
定　　价	78.00 元

凡购买中国社会科学出版社图书，如有质量问题请与本社营销中心联系调换
电话：010 - 84083683
版权所有　侵权必究

前　　言

　　一个国家（地区）旅游公共服务发展的水平和质量的高低，是衡量其旅游业发展程度的主要标签和重要尺度，与旅游发展的全面提档增速、政府职能的有效履行等重要现实问题紧密相连、不可分割。随着我国旅游业的迅猛发展，以及国家建设服务型政府步伐的不断加快，旅游公共服务重要的基础性地位日渐得到了高度重视、广泛认同和更加巩固。对于旅游者个体而言，旅游公共服务已然成为影响旅游决策形成、导引旅游活动开展、保障旅游目的实现，甚至是决定游客满意度的主要因素。本书旨在推进旅游公共服务理论研究与实践体系建设的相互融合促进，初步形成共识性、较完备、成体系的支撑结构，探寻旅游公共服务体系建设的客观规律与内在机制，在为旅游公共服务实践提供更具针对性和操作性的指导方面有可取之处。全书按照如下宗旨撰写：

　　1. 拓展旅游公共服务体系研究的理论空间。在供给侧结构性改革时代实践背景下，本书尝试引入新制度经济学理论来拓展旅游公共服务体系建设的研究空间，进一步梳理、整合、补充和完善了旅游公共服务的理论框架和研究体系，探究旅游公共服务体系建设的客观规律和内在机理。

2. 提供旅游公共服务改革建设的政策建议。本书以昆明市旅游公共服务体系建设为案例，着力构建契合市场需求、独具地域特色、利于长远发展的旅游公共服务体系，对于解决旅游公共服务碎片化、旅游供给方式地域性差异过大、供给结构矛盾、旅游公共服务整体滞后等问题具有重要参考意义，以期为旅游行政管理部门和社会组织推进供给侧结构性改革和行业政策制定提供理论支点和决策依据。

本书撰写重点参考康芒斯的《制度经济学》、诺斯的《制度、制度变迁与经济绩效》、李松玉的《制度权威研究》、侯岩的《中国城市社区服务体系建设研究报告》、党秀云的《民族地区公共服务体系创新研究》、张立荣的《当代中国服务型政府及公共服务体系建设状况问卷调查数据统计与展示》。此外，其他相关书籍也给予作者诸多启发，大量国内外学术期刊、案例分析、新闻报道等亦为本书的成稿提供了丰富的素材。在此一并衷心感谢这些成果作者的研究贡献与学术智慧。

由于作者水平有限，并囿于研究的具体条件，全书难免存在错误和疏漏，期待同行专家、读者朋友不吝赐教。

李 剀

2023 年 10 月 28 日

目　　录

第一章 绪论

第一节 研究背景与意义

一 研究背景

(一) 研究的缘起——业界维度

在现代社会，公共服务是公共组织（包括政府组织和非营利组织等）的一项基本职能。如何更加有效地供给公共服务，已经成为全球化背景下任何一个国家（地区）应对内外部复杂环境变化、满足公共需求的重要课题。与一个国家（地区）经济社会的发展、生产力水平的提高和政府财政收入的增长相适应，其人民生活水平也不断地提升，对公共服务的需求自然也不断增长。作为深化体制改革、推进职能转变的具体抓手和重要突破口，公共服务已经成为链接政府与市场、政府与社会、市场与社会政府与政府之间关系的关键点，可谓是重任在肩。不断完善公共服务，满足公众不断增长的民生需要，也是和谐社会构建以及社会治理的题中应有之义。① 通过对公共服务组织

---

① 孙晓莉：《中外公共服务体制比较》，国家行政学院出版社 2007 年版，第 9 页。

结构的变革和创新，以达到向公众提供更为安全、高效、便捷和优质的公共服务之目的，也已成为当前政府执政能力评价的关键指标。同时，旅游公共服务的水平和质量是权衡一个国家或区域旅游业和社会发展水平高低的重要标尺，它与旅游业的全面发展、政府职能的有效履行等现实性问题相伴而生，并随着我国旅游业的迅猛发展和国家服务型政府建设步伐的加快，越来越受到社会大众的高度重视和普遍关注。

从世界范围考量，由于客观存在的实践主体、国情体制、基本理念、目标导向、经济基础、发展程度等方面的差异，致使各国（地区）旅游公共服务在发展阶段、发展进程和质量水平几个方面存在明显的差别。

加之各国（地区）在经济能力条件、社会发展阶段、专业技术水平、公共服务改革和旅游发展路径等影响因素上的不同，旅游发达国家总体上形成了各具特色、运转有序、比较完善的旅游公共服务体系（见图1-1），而且没有因旅游业提速步入大众旅游时代而遭遇旅游公共服务供给失位失效的窘况。但是，在多数发展中国家，包括中国这个旅游大国，抛开优越性暂且不论，由于国情基础和所处的历史阶段不同，自然带来了旅游发展背景和目标追求的不同，以及旅游业发展模式和路径选择的不同，加之社会组织发育程度不够、政府职能限定和不足等因素影响，直接给旅游公共服务内嵌了持续的挑战和巨大的压力。在"以经济建设为中心"的目标导向下，发展中国家为了尽快摆脱贫困、实现经济社会快速发展，常常受"GDP冲动"的影响，在进行决策时首先考量的是发展要务、现实利益和经济效益。因此，在发展旅游业的过程中，旅游公共服务的决策往往优先关注经济性、现实性和营利性,① 这就决定了基础性、公益性、公共性和公平性不得不让位于经济发展,如此一来,必然会导致旅游公共服务欠账太多、结构失衡、产品短缺、能力不足、总量不够和水平不高等成为普遍问题和突出难点。

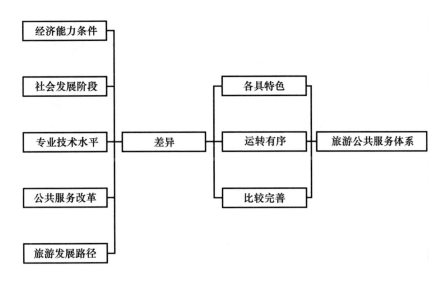

图 1 - 1 旅游公共服务体系的影响因素

资料来源：笔者综合整理。

2015 年,我国国内旅游接待人数已经达到 **39. 89 亿人次**,连续十多年保持两位数高增长率（见图 1 - 2）。由此可见,我国旅游业已从大众观光的"门票经济时代"向观光旅游、商务旅游和休闲度假三驾马车并驾齐驱的"泛旅游时代"转变②,旅游者出游模式已由以旅行社为核心进行组团的传统旅游向"自驾游、自助游、自由行"构成的"三自旅游"转变,向

---

① 叶全良、荣浩:《旅游公共服务供给制度变迁的路径依赖与创新选择》,《湖南社会科学》2012 年第 2 期。

② 吴必虎:《泛旅游需要更完善的旅游公共服务体系支持》,《旅游学刊》2012 年第 3 期。

"自导游、自导航、自导购"构成的"自导旅游"转变（见图1-3）。

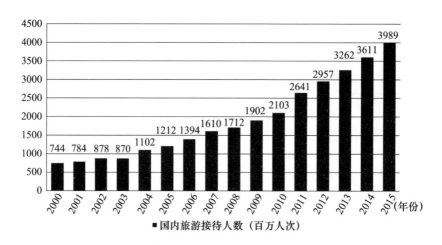

图1-2 2000年—2015年中国国内旅游接待人数

数据来源：2000—2015《中国统计年鉴》。

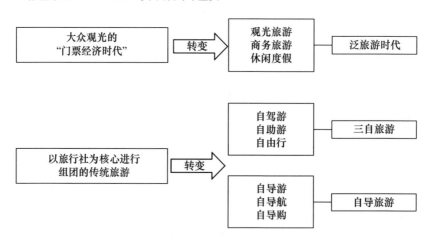

图1-3 旅游业和游客出游模式的转变

资料来源：笔者综合整理。

大多数城市旅游的散客占比已经达到70%—90%，旅游已从"景点旅游"进入"城市旅游""全域旅游"时代，从简单的"团队观光游"迈入"深度游"和"慢游"（见图1-4）。因此，面向散客的旅游公共服务，已经成为影响旅游者旅游决策形成、旅游活动开展、旅游目的实现、甚至是游客满意度的主要因素。

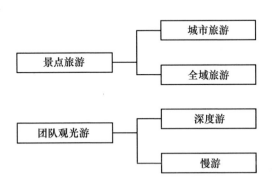

图1-4 旅游迈入新时代

资料来源：笔者综合整理。

另一方面，近几年来全国各地，包括昆明市频频曝光并被迅速发酵成全国舆论热点事件的"恶导游""天价××"等等，不一而足。这些负面事件的背后，表面上看是导游的素质问题，是个案，是偶发，但从深层次探究，其实是旅游公共服务内容的缺失或水平的低下所致，是旅游公共服务供需失衡的深层矛盾在导游身上的聚焦，甚至是在"鱼虾"头上的集中爆发。

可喜的是，自2008年中央提出加快我国公共服务体系建设的要求以来，旅游公共服务体系的建设工作在全国各地尤其是旅游发达省市纷纷被纳入政府尤其是旅游主管部门的议事日程，并得到不同程度的推进，但各地间存在极大的不平衡性和共同的明显欠缺，即：旅游公共服务体系还没有完整地建立，其中的一些分支体系更显羸弱；旅游公共服务的财政支持机制和多元化供给体制还没有形成①；旅游公共服务的相关标准和规范尚未健全；旅游公共服务的评价评估体系没有引起足够重视，旅游公共服务的分工和问责制度没有形成；旅游公共服务还存在大量缺位、错位和越位的情况②。虽然国内一些城市的旅游公共服务已经取得不小成效，但除北京、桂林、上海、杭州等少数城市建设的有关经验得到较好总结之外，其他很多地方的建设经验没有得到足够的总结归纳和有效的传播推广，包括昆明市在内，仍有足够的空间有待研究者系统思考、深层研究、归纳总结和改善提升③。

（二）研究的缘起——学界视阈

此前有关旅游公共服务的研究主要集中和停留在对其基本概念的阐释，还未能与旅游公共服务体系的建设实践结合起来；没有形成具有共识的系统性结构支撑；学界研究的覆盖程度还不足，对于我国旅游公共服务体系建设的相关政策、法规和标准以及公共服务各主体之间的协调配合等问题的关注还比较欠缺；研究的深度不足，有的研究甚至狭隘地把旅游公共服务等同于旅游咨询中心和旅游集散中心"概念性"的建设。许多研究仅满足于"由谁来提供旅游公共服务、服务提供者是否应该获得利润"等问题的简单化讨论。

正如新制度经济学的泰斗罗纳德·哈里·科斯（Ronald H. Coase）所言，新制度经济学是运用主流经济学的研究方法讨论与制度相关的经济学问题，其主要的核心理论包括交易费用理论（Theory of transaction cost）、产权理论（Theory of Morden

---

① 徐虹、李秋云、马新颖：《天津市旅游公共服务供给现状与提升对策调查研究》，《天津商业大学学报》2016 年第 3 期。

② 刘德谦：《关于旅游公共服务的一点认识》，《旅游学刊》2012 年第 1 期。

③ 李军鹏：《加快完善旅游公共服务体系》，《旅游学刊》2012 年第 1 期。

Property Ownership)、企业理论（Theory of the firm）和制度变迁理论（Theory of Institution Change）四大基础理论。本书尝试以此为基础开展研究：

1. 交易费用理论。科斯（Coase，1937）在《企业的性质》一文中首次提出了交易费用的概念，从此成为新制度经济学领域最为关键的内容。该理论指出交易费用包含了为保障产权、甄别交易对象、商讨交易价格、签订并履行契约等而产生的所有费用（见图 1－5）。由于资源的稀缺性及其配置是经济学研究的核心问题，而交易费用理论恰恰强调了交易活动的稀缺性[①]，市场的不确定性决定了交易的风险性，因此，交易是有代价的，需要合理配置资源，而资源配置的问题其实就是经济效率的问题。所以，现存的制度如果不能起到提高经济效率的作用，就必然会被新的制度所取缔。旅游公共服务同样存在交易

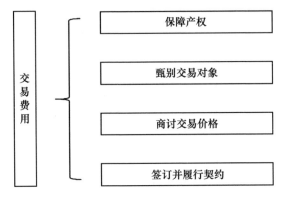

图 1－5　交易费用包含的内容

资料来源：笔者综合整理。

---

① 徐晋：《宏观制度经济学导论——泛函原型、量化理性与分布效用分析》，《中国矿业大学学报》2018 年第 1 期。

费用和资源配置问题①。

2. 产权理论。该理论认为产权作为社会的一项基础性规则，它不仅作为一种权利而存在，同时还是一种社会关系的代表，也是约束人们的行为关系的一种准则。产权包括所有权、使用权、收益权、处置权等②（见图1-6）。产权从本质上讲是一系列激励机制和约束机制。根据新制度经济学相关理论，产权安排是影响资源配置效率最重要的因素，产权安排对个体行为所提供的激励，将不断传递并集聚，最终决定整个社会的经济绩效。只要产权明确，资源将最终会有最优化的配置和最快的配置速度。在《经济学中的灯塔》中，科斯通过研究英国灯塔制度，列举事实引出自己的观点——灯塔的建造和服务可以由私人提供，有力反驳了萨缪尔森等经济学家关于灯塔应该由政府提供的观点。这与当前国内关于旅游公共服务供给主体的争论何其相似。

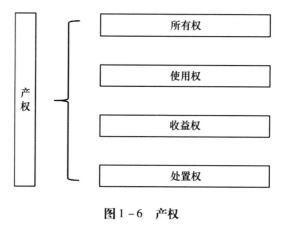

图1-6 产权

资料来源：笔者综合整理。

---

① 张晓亮、张小明：《从公共经济学看水利产品及服务的有效提供》，《水利科技与经济》2006年第9期。

② 姚巧华：《论新农村建设背景下的土地制度改革取向》，《大连大学学报》2007年第5期。

旅游公共服务市场供给的重要实现手段之一就是实现产权变更。新制度经济学理论认为，某种产品之所以成为公共产品，就是由于产权内在化成本高于收益。① 反之，当产权界定的期望边际收益大于边际成本时，市场就会主动竞相参与旅游公共服务供给。据此，我们可以得到启发：政府可以选择通过产权界定形式，将旅游公共服务转化为俱乐部产品，以此提高供给效率。必须强调的是，通过市场机制提供旅游公共服务，需要一系列的制度条件给予保障。除了产权关系的清晰界定之外，还需要有具体的制度安排，特别是明确政府和社会组织、私人机构之间的权力关系。

3. 企业理论。作为一种资源配置的手段，企业可以与市场机制相互替代②。通过形成某种组织并授权其中的某个权威企业来配置资源，就能在较大程度上降低交易费用，节约成本（见图 1-7）。降低交易费用是企业赖以产生、存在甚至取代市场

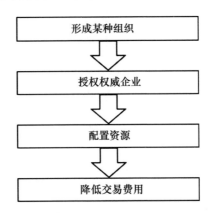

图 1-7　企业理论

资料来源：笔者综合整理。

---

① ［美］约拉姆·巴泽尔：《产权的经济分析》，上海人民出版社 1997 年版，第 6 页。
② 李亚玲：《论科斯现代企业理论的发展趋势》，《中国经贸》2015 年第 22 期。

机制的内在的重要驱动力。那么，企业与市场的边界是否存在？到底在哪？科斯回答了这个问题：由于企业的管理是需要费用的，无限扩大企业规模是不现实的，因此，通过企业组织交易的成本与通过市场交易的成本相同即是分界线。

企业理论可以成为分析旅游公共服务供给成本的有力工具。企业理论适用于指导人们对旅游公共服务的市场供给存在的缺陷进行弥补。新制度经济学的经典作家们普遍认为，企业是一份市场合约，这份合约是由多个资源所有者共同制定的。但受信息的不对称因素影响，单纯地依靠生产者和消费者签订的一纸合同（Contract），不足以避免生产者损害消费者利益的种种机会主义行为的发生，也就是容易产生"合同失灵"（Contract Failure）现象。①

4. 制度变迁理论。技术创新是经济增长的重要动力，但是，如果缺乏制度创新和变迁的驱动，并通过制度构建以进一步巩固技术创新，那么长期的经济增长和社会发展就难以实现。导致制度变迁的动因多种多样，其主要动因是降低交易费用、提高制度效用②。因此，制度变迁的实质就是较高收益的制度替代较低收益的制度的动态过程。该理论的内容同时囊括了制度变迁的动因、起点、动力、模式、方法以及制度移植、路径依赖等内容。

新制度经济学派认为，制度、制度安排和制度变迁的内在化是推动经济发展的重要促进因素。制度对经济发展的推动作

① Hansman and Henry, "The role of Nonprofit Enterprise", *Yale Law Journal*, No. 89, April, 1980, pp. 835 – 901.

② 刘少波、张文：《风险投资制度创新与路径选择——基于制度经济学分析框架的理论探讨》，《广西大学学报》2005 年第 3 期。

用主要表现在两个方面：一是制度创新就是一种生产力①；二是科学合理的制度安排可以节约技术进步和技术成果转化为现实生产力的交易成本，有利于有效降低不同市场主体经济行为的不确定性，是经济活动发生和发展的重要激励因素。② 对于旅游公共服务而言，政府可以尝试为旅游公共服务的非政府提供者进行某些制度激励，例如对旅游公共服务进行产权界定，或者专门制定激励政策等，为非政府供给者提供旅游公共服务创造良好的制度环境。"庇古税"理论强调，政府补贴正外部性产品的生产，是有效纠正"市场失灵"的行为，将可能增加对社会有益产品的供给。旅游公共服务市场供给的条件之一——需要一系列制度安排来保障，其中最重要的是产权，③ 强制性的产权促进产权所有者对收益的良好预期，从而产生市场激励作用。具体到旅游公共服务领域，则可以通过财政补贴、税收优惠等多种形式，确保旅游公共服务供给者得到额外收益，进而对市场供给产生激励。激励政策包括但不限于政府对旅游公共服务供给者给予资金补贴，提高旅游公共服务供给效率；对旅游公共服务基础建设投资给予财政贴息，发挥财政资金"四两拨千斤"的杠杆作用；对部分旅游公益性经营者直接给予低税率甚至免税优惠，提高税前扣除比例，提高经营者收益，降低投资风险等④。

道格拉斯·C. 诺斯认为制度是一系列规则、守法程序和行

① 袁礼斌、刘海军、沈正平：《论区域经济增长的动力模型》，《徐州师范大学学报》2003 年第 1 期。

② 王卓君：《政府公共服务职能与服务型政府研究》，广东人民出版社 2009 年版，第 72 页。

③ 席恒：《利益、权力与责任——公共物品供给机制研究》，中国社会科学出版社 2006 年版，第 113 页。

④ 李爽：《旅游公共服务体系建构》，经济管理出版社 2013 年版，第 24 页。

为道德规范①。制度的主要作用是"增进秩序"②。旅游公共服务制度简单地说就是一系列制度安排的有机组合。路径依赖，是"存在于制度变迁内的报酬递增和自我强化机制"③。由于规模效应、路径依赖、协调效应以及适应性预期等因素的存在，某种制度一旦形成，无论有效性如何，都会影响后续制度的选择，制度变迁的路径依赖就是这样形成的。路径依赖约束制度变迁，同时影响经济社会发展。制度变迁的成本—收益分析以及新制度安排所带来的预期收益决定了制度的供给和需求，而制度的供需决定了制度变迁。④

本书的重点内容之一即在于立足我国旅游公共服务制度的变迁，探索如何解构并调控旅游公共服务供给的发展脉络、历史轨迹和路径依赖，进一步探讨和寻求旅游公共服务供给的制度优化、创新方向和实践指向。

旅游业正从过去的相对封闭世界走向日益充分开放的新阶段。从旅游主体来看，旅游正从少数人的旅游活动转变为大众的常态化生活必须选项和优先事项；从消费形态来看，旅游正从大规模团队游客的相对封闭世界转向游客和市民共享的生活空间；从市场主体来看，旅游业正从单一单薄的旅游企业主体转型为多元的跨行业综合业态主体；从产业形态来看，旅游业正从过去狭义的旅游商业范畴转移成更加广义拓展的大旅游全

---

① 〔美〕道格拉斯·C. 诺斯：《经济史中的结构与变迁》，上海人民出版社 1994 年版，第 225 页。

② 〔德〕柯武刚、史漫飞：《制度经济学》，商务印书馆 2000 年版，第 142 页。

③ 邓大才：《农业制度变迁路径依赖的特征及创新选择》，《经济理论与经济管理》2001 年第 6 期。

④ 刘荣材：《农村土地产权制度变迁模式选择的路径约束分析》，《农业经济》2007 年第 1 期；杨国华、郑奔、周永章：《发展模式变迁的路径依赖及其创新选择》，《生态经济》2006 年第 8 期。

产业领域；从监管责任来看，旅游管理正从单一部门的政策制定转换为多个部门协同发展的综合性政策制定（见图1-8）。

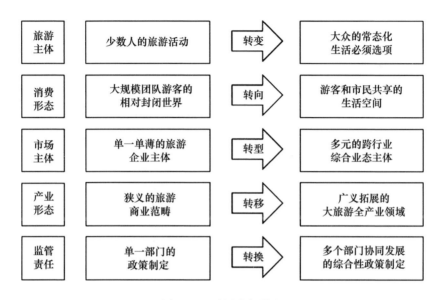

图1-8　旅游业新阶段

资料来源：笔者设计。

在供给侧结构性改革的宏观环境下，旅游业呈现出典型"新常态"①（见图1-9）：

1. 政策层——政府红利加码释放。党中央、国务院先后打出政策"组合拳"，旅游产业投资和旅游公共服务作为国家经济改革发展中供给侧的重要一环，正在获取越来越多、越来越有利的宏观政策支持和制度保障。

2. 需求端——国内外市场持续升温。2015年，我国共接待国内外旅游者超过41亿人次，出境人次与消费均位列世界第

---

① 马勇、王佩佩：《关于"十三五"旅游投资创新的思考》，《中国旅游报》2016年2月24日。

一。与庞大的旅游人群相伴而生的，是背后极其庞大的旅游消费市场和由此驱动的产业链延伸。旅游产业勃发的市场需求，成为旅游产业投资发展和旅游公共服务供给改革的主要拉力因素。

3. 供给侧——投资主体日益多元。宽松的政策刺激旅游供给侧的投资主体更趋多元化，多元化的投资主体拓宽了供给侧的资金渠道，为旅游公共服务体系建设资金的投入赢得了更大的空间。

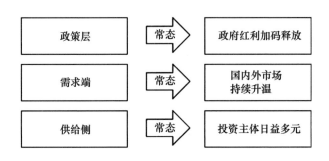

图 1-9　旅游业新常态

资料来源：笔者设计。

然而，旅游业的供给侧仍远远不能满足旅游市场消费升级的需求，特别是旅游公共服务领域欠账太多、基础太薄而可能是旅游事业的最大短板，供给侧结构性改革更显迫切。供给侧结构性改革是一个复杂、系统、庞大、漫长而艰辛的过程[①]，旅游公共服务应紧咬供给侧改革，完善自身体系，助力旅游快速发展。

相较于旅游业作为一个产业（行业）整体参与到国家层面

---

① 曾宪奎：《五大发展理念：供给侧结构性改革的指导原则》，《佳木斯大学社会科学学报》2017 年第 1 期。

的供给侧改革而言，旅游业自身的供给侧改革的任务更为复杂艰巨，也更显紧迫必行。因为，旅游业的供给侧改革至少涉及如下核心范畴①：旅游业供给侧改革的必要性？改革的基本内容是什么？改革主要路径有哪些？需要什么样的制度安排和具体举措？如何实现自下而上的需求推动和自上而下的供给主导两端协同发力？就目前而言，旅游业供给侧改革首先必须解决好三个基本问题：一是"调结构"。即通过产业升级转型着力解决旅游产业和产品结构与旅游需求结构不匹配、旅游公共服务供需结构失衡等问题；二是"转方式"。通过提质增效着力解决旅游业长期主要依靠要素投入增加实现增长的问题；三是补短板②。通过补齐短板着力解决公共产品供给不足的"底线思维"问题。

本书中旅游公共服务的内涵至少涉及公共信息、公共设施、公共安全和公共政策等方面，具体包括集散中心、游客中心、旅游厕所及相关服务设施等；面向旅游者的信息服务、咨询服务、投诉服务、安全保障等③；服务于行业和公众的旅游"大数据"、产业及分行业、分地区的统计数据；旅游人才培养和旅游调查研究等。显然，完善上述旅游公共服务供给，需要各级政府部门和旅游研究者的长期探索、同向发力。

二 研究意义

（一）理论意义

本书在前人研究的基础上，针对旅游公共服务理论研究的

---

① 宋瑞：《旅游业供给侧改革是机遇也是考验》，《中国旅游报》2016 年 3 月 9 日。

② 刘英团：《供给侧改革助推旅游业大发展》，《产权导刊》2016 年第 5 期。

③ 李炳义、梅亮：《城市旅游公共服务体系的构建》，《城市发展研究》2013 年第 1 期。

薄弱环节，尝试导入新制度经济学基本理论，耦合旅游公共服务及其体系建设研究需要，试图从新的视角，用新的方法，梳理、综合、补充、完善旅游公共服务的理论框架和体系。努力探寻旅游公共服务体系建设的客观规律与内在机制，尝试拓展旅游公共服务体系建设的探讨空间。本书突出旅游公共服务理论研究与实践体系建设相融合促进，初步形成共识性、较完备、成体系的支撑结构。在研究的广度和深度上取得较大突破，具有一定的理论价值，能够为旅游公共服务实践提供更加具有针对性和操作性的理论支持。

（二）实践意义

第三次工业革命前夕的云计算、工业机器人和网络协作化生产服务使分散式工业生产成为可能，这势必影响旅游公共服务的变革。《旅游法》《国民旅游休闲纲要（2013—2020年)》和《云南旅游条例》的实施，对2013年以来高居各大旅游网站旅游投诉榜首和导游负面事件频发（丽江、西双版纳、石林等热点旅游目的地反复曝光负面事件）的云南旅游来说，首次聚焦昆明市旅游公共服务体系建设并以此为案例点的研究结论，以求有助于解决旅游公共服务碎片化、旅游供给方式地域性差异过大、供给结构矛盾、旅游公共服务整体滞后（体系缺陷、总量不足、供需脱节、能力不够、水平不高）、超交易服务提供者受关注不够（除政府和企业外，居民、社会团体甚至旅游者本身都可以是旅游公共服务的提供者）等难题，着力构建契合市场需求、独具地方特色、利于长远发展的旅游公共服务体系，以期有助于旅游行政管理部门以及社会组织推进供给侧结构性改革，有效供给旅游公共服务，提供理论分析的支点、政策选择的可能、政府决策的依据和可供备选的方案。

第二节　研究方法

本书秉持"提出问题→分析问题→解决问题"的基本思路，采用理论与实践相结合、定性与定量相辅助、宏观与微观相统一的方法开展研究工作。在具体的研究过程中，主要采用以下研究方法：

（一）文献分析法。受客观条件的约束，本书主要采用文献分析法开展研究。在具体的研究过程中，重点对近年来国内外学者研究旅游公共服务及相关领域的专业论文、专业书籍、研究报告等进行文献计量分析和综合分析并及时查新，同时对相关的学术网站、专家博客（及微博、微信）、政府网站和旅游行政部门及旅游企业官网的相关资料和数据，尤其是统计部门、旅游部门公布的统计资料进行整理加工分析，深入地挖掘文献资料中于本书有价值的素材，为本书提供论据。

（二）规范研究法。本书拟运用规范分析方法，对旅游公共服务体系构建的原则程序、主要内容、实践进展和存在问题等进行规范性探讨。本书特别对旅游公共服务体系的评价方法、评价指标体系进行了规范性研究探讨，并尝试建立评价模型。

（三）政策研究法。本书是一个理论性、实践性和操作性较强的研究。笔者将对国内具有代表性的旅游目的地在旅游公共服务实践中的政策措施和具体做法进行综合分析，缕析出其中可借鉴可复制的规律性内容，并提出有利于推进旅游公共服务改革建设的政策建议。

（四）案例研究法。在实地考察和调查的基础上，本书以中国重要旅游城市——昆明市为案例点，具体采用有限案例研究法。使用这种方法更多的是为了进行分析比较而不是为了统计归纳，目标是阐释其中可以建立起一般性命题的理论观点，而不是进行严格的理论测试。

（五）访谈咨询、问卷调查法与比较研究法。本书设计了比较科学的调查问卷，对相关研究和管理人员进行深度访谈并面向游客开展问卷调查，采取定性指标与定量指标相结合的方法，运用相关分析法和统计分析方法处理问卷调查数据和从有关部门获取的统计数据。同时比较国内不同区域旅游公共服务发展路径的异同，并结合其经验提出启示。

第三节　研究思路与主要内容

一　研究思路

本书的基本思路是：立足供给侧结构性改革的现实条件和客观需要，以旅游公共服务体系为研究对象，借鉴并导入新制度经济学的基本理论，耦合旅游公共服务及其体系建设研究需要，综合运用旅游学、经济学、公共管理、社会学、统计学等相关学科的研究方法，展开理论阐述、实证分析和对策研究。探索总结旅游公共服务体系建设发展和改进完善的内在规律，突出旅游公共服务理论研究与实践体系建设相融合促进，解决旅游公共服务碎片化、供给方式选择的地域性差异、过度供给和供给不足并存、旅游公共服务滞后（体系缺陷、总量不足、能力不够、水平不高）等难题，以期形成共识性、较完备、成体系的支撑结构，构建符合需求、具有特色的地方旅游公共服务体系。研究的基本框架及技术路线如下：

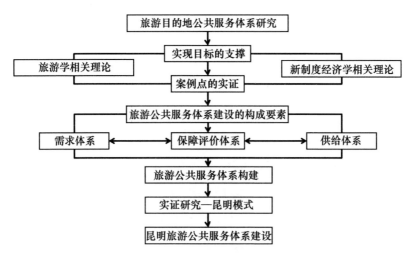

图 1-10　研究框架及技术路线

资料来源：笔者设计。

二　主要研究内容

（一）旅游公共服务变迁轨迹：基于新制度经济学视角，立足我国旅游公共服务制度的变迁，解读并突破旅游公共服务发展的路径依赖和约束，探索旅游公共服务创新的路径选择。

（二）旅游公共服务需求体系——"服务三角"模型和需求表达机制：这一部分是本书的重要内容之一，也是本书的可能创新点之一。需求的复杂性决定了旅游公共服务需求的渐增性、多样性和交叉性（又称"邪恶问题"），进而决定了旅游公共服务的供给必须以旅游者的需求为中心，由此界定旅游公共服务的范围、内容、主体、受体和方式等。

（三）旅游公共服务供给体系——复合供给模式：资源配置优化和交易费用节约的内在要求决定了旅游公共服务的供给必

然是主体多元化、供给模式复合化。

（四）旅游公共服务的供给侧结构性改革：本书较早地正式提出"旅游公共服务供给侧结构性改革"的概念，并且较为系统地分析了旅游产业供给侧改革的核心与实质，尤其是对旅游公共服务供给侧改革的关键点进行了梳理和归纳。

（五）旅游公共服务体系建设的价值取向和实现条件：新公共行政学派认为，应该在重视效率的同时，重视社会公平，强调民主行政和顾客导向。"委托—代理"关系要求旅游公共服务的价值取向由"政府本位"转向"游客本位"。

（六）旅游公共服务保障的支撑体系：旅游产业与生俱来的敏感性和旅游公共服务需求的复杂性，使得旅游公共服务保障显得十分重要。本书拟从创新机制、激励机制、保障机制、风险控制四个层面以及产业、政策、组织和人才四个方面构建旅游公共服务保障体系。

（七）旅游公共服务评价评估体系：综合比较分析层次分析法、因子分析法、模糊综合评价方法、IPA（重要性及其表现分析）法、BSC（平衡记分卡）法等评价方法的优劣[1]，权衡指标权重，设置指标体系，集成创新旅游公共服务综合评价体系，尝试建立评价模型并展开实证分析。

（八）旅游公共服务体系构建：理论构建包括旅游公共服务体系构建的原则、目标、主要内容和优化路径等，实证研究主要为旅游公共服务的"昆明模式"（案例点）。

----

① 李凯、孙荣华：《边疆民族地区省会城市的旅游公共服务评价模型及指标体系——以昆明市为例》，《西南边疆民族研究》2017 年第 2 期。

第四节 研究的创新意图

一 研究概念的创新

本书比较系统地把新经济学的相关经典理论引入旅游公共服务研究中，并据此展开研究工作，在此前学术界零星散见的学术观点基础上，创造性地提出了旅游公共服务供给侧改革和旅游公共服务需求的复杂性、碎片化、需求体系、需求偏好、需求表达、需求价值套装、供给侧与需求端的矛盾等概念和内容，并系统阐述了旅游公共服务体系的基本概念、内涵特征、基本要素、形成机理、发展路径、内在构成和相关影响，力求理论上有所贡献。

二 研究视角的创新

本书较早地立足于供给侧结构性改革的现实需要，聚焦旅游公共服务的供给侧，呼应旅游公共服务的需求端，以破解昆明旅游发展"瓶颈"和"困局"为切入点，基于新制度经济学的研究视角，以改革创新为动力，以公众（旅游者和社区居民）的需求为导向，以科学构建和改进完善旅游公共服务体系为目标，从旅游公共服务的供需两端协同发力，精准发力，突破了过往以旅游经济建设为导向的旅游公共服务研究所无法克服的局限。

三 理论应用的创新

本书引入"制度变迁""产权""交易费用""企业理论"等新制度经济学的基本理论以及"旅游公共服务三角"模型、

旅游公共服务复杂性理论等创新理论，将其充分应用到旅游公共服务的研究中，拓展了新制度经济学理论的应用领域，拓深了旅游公共服务体系研究的理论深度。本书较早（可能是首次）将世界春城——昆明市这样一个在中国旅游业发展中具有不可替代地位的"旅游重镇"作为案例点进行研究，建立了专门分析模型，研究成果或对我国的旅游公共服务体系建设的实践探索具有一定的适用性和指导性。

第二章　研究述评与理论基础

第一节　相关研究述评

本书的选题是通过大量且长期的文献阅读、实地调研、工作实践，以及对相关专家学者进行访谈的过程中思考积淀并总结提炼而来的。笔者围绕研究主题，对相关研究资料进行了广泛搜集、认真筛选和严格归类。这些研究资料主要来源于专业书籍、学术期刊、博硕士学位论文，以及相关的学术网站、专家博客（及微博）、政府网站和旅游行政部门及旅游企业官网。从文献分布来看，与本书相关的研究主要包括旅游公共服务的概念、类型和特征，旅游公共服务体系建设过程中的某方面问题，例如体制机制、保障措施、质量评估、政府职能或行为、游客满意度等方面[①]。相关研究工作已经形成了为数不少的具有创新性的阶段成果，多种阐述或解释旅游公共服务供给的理论模式已经初具雏形，但也留下了诸多值得进一步研究思考与实践探索的空间。

---

① 张晨：《城市旅游公共服务体系建设与完善措施》，《标准科学》2013 年第 2 期。

根据《2015 年国民经济和社会发展统计公报》相关数据，2015 年，全国人均 GDP 达到 8280 美元①。依据国际上"人均 GDP 达到 6000 美元将步入休闲时代"的人均 GDP 与社会发展关系的经验来判断，我国旅游业将在未来几年进入大发展、大井喷、大提速、强转型时期。

2007 年下半年，国务院颁布实施的《关于贯彻落实党的十七大精神的意见》以及国家旅游局颁布实施的《关于进一步促进旅游业发展的意见》等国家层面的文件中先后提出了加强旅游公共服务建设的要求。之后，厦门市在全国率先制定实施了第一部地方性旅游公共服务体系建设规划，尤其是 2012 年 1 月，具有标志性意义的《中国旅游公共服务"十二五"专项规划》的出台实施，极大地引热了政府部门、学术界、旅游业界和社会媒体对旅游公共服务的关注和研究。近几年来，该领域相关研究成果和媒体报道呈现出逐年攀升的基本态势，旅游公共服务已经无可争议地在摆上政府议事日程和进入公众视野的同时，逐渐发展成为中国旅游学界研究探讨的重点和热点问题。

一 研究历史沿革

"旅游公共服务"在我国旅游研究领域作为独立的问题被提出，始于 2006 年党和政府与时俱进提出"服务型政府"构建理念②。杨大明是我国较早涉及旅游公共服务研究的学者，他发表的《明理识途，尽心履职，切实加强旅游公共服务》③ 文章，

---

① 李勇坚：《我国服务业的国际地位：动态视角》，《全球化》2016 年第 12 期。
② 窦群：《我国旅游公共服务体系：从理论到实践的探索》，《旅游学刊》2012 年第 3 期。
③ 杨大明：《明理识途，尽心履职，切实加强旅游公共服务》，《绍兴旅游》2006 年第 4 期。

被后来"旅游公共服务"相关研究的专家学者多次引用。为了迎接 2010 上海世博会，2006 年上海市在国内首次就城市举办重大赛会节事开展旅游公共服务体系建设问题的专题研究①。李爽是较早涉足旅游公共服务供给理论研究的学者，她以厦门市为调研对象提出了复合型旅游公共服务供给机制，开创了专门研究的先河。2013 年，以徐菊凤等为代表的课题组出版了《旅游公共服务：理论与实践》一书，是国内第一本系统论述旅游公共服务问题的论著②。该书在理论认知的基础上，比较分析了巴黎、东京、香港的旅游公共服务模式，从我国当前旅游公共服务领域亟需解决的公共信息、交通、安全保障、消费者权益维护等领域进行了实证研究。

二 研究现状

本书以中国知网为检索平台，主要选择常用的中国学术期刊网络出版总库（CNKI）、博士论文和优秀硕士论文全文数据库（CDMD）、特色期刊、重要会议论文全文数据库（CPCD）等作为检索对象，以"旅游"和"公共服务"为关键词等进行系统检索。截止到 2015 年 12 月 7 日，去重并筛除非学术论文及与主题不相关论文，最后选定论文及相关报道共计 169 篇，其中，包括 19 篇博硕士学位论文、136 篇期刊论文和 10 余篇媒体报道，从研究内容上看，相关文献大致可以分为实证研究（95 篇）、理论研究（69 篇）和研究综述（5 篇）三种类型。在外文数据库 SCI 数据库中分别以"Tourism public services"

---

① 张晨：《城市旅游公共服务体系建设与完善措施》，《标准科学》2013 年第 2 期。
② 尹鹏、段佩利：《国内外旅游公共服务研究比较与展望》，《鲁东大学学报》2020 年第 3 期。

"Tourism public services system" "The supply of tourism public services" 为关键词搜索，均没有发现相关文献。

最早的"旅游公共服务"相关文献出现于2006年，之后以《中国旅游公共服务"十二五"专项规划》的制定和发布为触发，"旅游公共服务"发文量在2008年以后开始逐年攀升，2011和2012年文献增长呈现"井喷"状态（见表2-1）。虽然"旅游公共服务"一词作为专业术语和学术概念的使用时日短暂，但伴随着国家层面和行业系统有关政策的颁布实施，旅游及相关领域的研究人员对其关注的热情不断高涨甚至形成某种程度的聚焦。据掌握的数据分析，国家专项规划出台前后阶段公开发表的文章数量占已有发文总量的九成以上，并出现了3篇博士论文和12篇硕士论文，呈现出一定的"集中度"和"趋热性"，表明政策诱导的效应非常明显。

表2-1 　　　　2005—2014年发表旅游公共服务文献数量 　　　单位：篇

	2006	2008	2009	2010	2011	2012	2013	2014	2015
期刊论文	1	4	5	14	14	38	36	11	16
学位论文		1			6	5	3	4	1
会议论文				2	1	2	1	1	2

资料来源：笔者根据CNKI统计整理。

本书按论文第一作者所在省份划分并进行统计，如图2-1所示，先后共有30个省市区的理论研究者公开发表相关文献，以省份为统计单位，其中，发表5篇以上（含5篇）的省份共有11个，反映了国家关于加强旅游公共服务体系建设的政策倡导，在学术领域得到了普遍的响应，在地域空间分布上表现出比较明显的普遍性和广泛性。从中我们可以看出，京、粤、苏、滇、桂、琼、鄂等省份是旅游公共服务研究文章产出的核心区域，共计发表93篇相关文献，占文献总量的55%。需要特别指出的是，全国各省市区发文量最多的是北京，这与其首都的首位度优势地位和作为我国的政治、经济、文化中心，集聚全国为数众多的科研机构以及人才规模的"光环效应"相一致。云南、广西、海南发文数量较多，其中广西的文献产出高度集中在桂林市，这种现象既与我国旅游综合改革试验"一省一岛一市"的选点布局一致，也与我国旅游业发展水平的省市排名次序基本相符，直接反映了理论研究与旅游实践的内在关联和相互促进作用，也充分体现了旅游业的发展对旅游研究机构和专业人才具有较为明显的"集聚效应"。同时，我们不能忽视旅游公共服务研究在空间分布方面所表现出来的非均衡性，不少旅游业发展较快的省份如贵州、西藏等省份仅仅发表了1篇左右

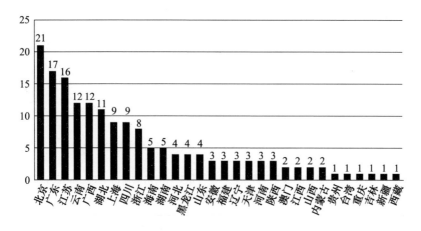

图2-1 我国旅游公共服务文献的空间分布

资料来源：笔者根据CNKI整理绘制。

的研究成果①，反映了这些地区对于旅游公共服务的重视程度严重不足以及研究力量较为薄弱等问题，可能会成为这些地区旅游业后续发展的"短板"。

三 主题分析

经过较全面的系统梳理，本书着重从研究内容这个维度，将旅游公共服务研究分为 7 个主题类别，分析如下：

（一）旅游公共服务的基础理论研究

包括旅游公共服务在我国的主要发展历程，对主要核心概念、基本内涵、外延界定、基础属性、主要特征的辨析，市场化进程、市场供求平衡、有效供给等内容。李爽等②以旅游公共服务的内涵特征、内容构成、存在形态、受益范围和需求差异等为维度，对旅游公共服务进行比较系统的划分与归类。李娟③指出旅游公共服务建设应具有服务性、公共性、共享性特点。徐菊凤④辩驳了李爽等人关于旅游公共服务理论所存在的核心概念认知矛盾、理论理解和实践判断偏差问题，并对相关内容进行了补充阐述。荣浩和王纯阳⑤认为旅游公共服务兼具共享性与非共享性、营利性与非营利性、生产性与消费性、多样性与层

① 陈洁、吴琳：《国内旅游公共服务研究的文献计量和知识图谱分析——基于 CNKI 数据的分析》，《旅游论坛》2015 年第 6 期。

② 李爽等：《旅游公共服务：内涵、特征与分类框架》，《旅游学刊》2010 年第 25 期；李爽等：《旅游公共服务体系：一个理论框架的构建》，《北京第二外国语学院学报》2010 年第 32 期。

③ 李娟等：《泛旅游背景下旅游公共服务体系建设思考》，《旅游纵览（下半月）》2013 年第 4 期。

④ 徐菊凤等：《旅游公共服务的理论认知与实践判断——兼与李爽商榷》，《旅游学刊》2014 年第 1 期。

⑤ 荣浩等：《论社会转型期我国旅游公共服务的内涵、特性与分类框架》，《商业经济研究》2015 年第 21 期。

次性、物质消费与精神消费五个方面的双重属性。陈洁和吴琳①运用文献计量和知识图谱分析方法，对有关"旅游公共服务"文献和题录数据进行了统计分析。刘宗坤和徐振涛②对国内旅游公共服务研究进行了综述。张萌③、何池康④、贺云⑤等学者亦对旅游公共服务相关概念从不同角度和层面做了阐述。

（二）旅游公共服务体系及其构建研究

主要包括旅游公共服务体系研究的核心理论与基本逻辑、问题思路、建设路径与对策建议，旅游目的地公共服务体系建设以及保障机制、服务设施、行政管理、经验借鉴等内容。高凌江针对旅游公共服务体系建设中存在市场失灵、政府失灵及旅游第三部门供给主体缺失等问题，提出了完善旅游公共服务体系的建议⑥。邹成成、石长波⑦指出旅游公共服务普遍存在供给主体缺位，社会参与不足；公共服务投资欠账，地区分布失衡；相关法律、标准和评估体系不完善等问题。王信章⑧总结中国旅游发展的一般路径是"资源开发建景点——土地开发建宾馆——市场开发建品牌——综合开发建目的地"。旅游公共服务属于最后一环——旅游目的地建设。喻江平⑨指出旅游公共服务体系应包含信息、交通、安全、管理和环境 5 个方面。李炳义

① 陈洁等：《国内旅游公共服务研究的文献计量和知识图谱分析：基于 CNKI 数据的分析》，《旅游论坛》2015 年第 8 期。
② 刘宗坤等：《国内旅游公共服务研究综述》，《旅游纵览（下半月）》2015 年第 4 期。
③ 张萌等：《旅游公共服务：国际经验与启示》，《商业研究》2010 年第 3 期。
④ 何池康：《旅游公共服务体系建设研究》，博士学位论文，中央民族大学，2011 年。
⑤ 贺云：《县域旅游公共服务体系构建策略初探》，《价值工程》2014 年第 17 期。
⑥ 高凌江：《我国旅游公共服务体系建设研究——基于公共产品理论视角》，《价格理论与实践》2011 年第 10 期。
⑦ 邹成成等：《旅游公共服务的体系构建研究》，《商业经济》2013 年第 4 期。
⑧ 王信章：《旅游公共服务体系与旅游目的地建设》，《旅游学刊》2012 年第 27 期。
⑨ 喻江平：《旅游目的地旅游公共服务体系建设研究》，硕士学位论文，燕山大学，2012 年。

和梅亮①提出构建旅游公共服务体系的基本思路。李爽和黄福才②将城市旅游公共服务体系划分为支撑系统、供给系统、需求系统和媒介系统等子系统，并认为技术环境、经济环境和制度环境等是城市旅游公共服务体系有效运作的保障。吴必虎③指出"泛旅游时代"应从"加强城市旅游目的地管理，提升城市作为旅游目的地的质量和关注协调当地居民和外来游客共同空间"两个方面为旅游公共服务体系提供保障。叶全良和荣浩④分析了旅游公共服务供给制度变迁存在的路径依赖，认为可以通过路径的创新突破路径依赖，建立更有利于旅游公共服务科学供给的制度。陈丹红和赵榕⑤从系统工程的角度探讨了辽宁省旅游公共服务体系的系统建构与保障机制。李爽⑥于 2013 年 5 月出版专著，进一步拓深了该领域的研究。何炬⑦提出应从信息、交通、安全、管理以及环境五个方面构建旅游公共服务体系，认为大众传媒可以服务和监督城市旅游公共服务体系的构建。常文娟⑧撰文提出旅游公共服务体系的构建应该关注体系的普遍适用性。周坤等人⑨对亚旅游目的地公共服务系统的优化策略作了

---

① 李炳义等：《城市旅游公共服务体系的构建》，《城市发展研究》2013 年第 20 期。
② 李爽等：《城市旅游公共服务体系建设之系统思考》，《旅游学刊》2012 年第 27 期。
③ 吴必虎：《泛旅游需要更完善的旅游公共服务体系支持》，《旅游学刊》2012 年第 27 期。
④ 叶全良：《旅游公共服务供给制度变迁的路径依赖与创新选择》，《湖南社会科学》2012 年第 2 期。
⑤ 陈丹红等：《辽宁省旅游公共服务的系统构建与保障机制研究》，《沈阳航空工业学院学报》2010 年第 27 期。
⑥ 李爽：《旅游公共服务体系建构》，经济管理出版社 2013 年版，第 5 页。
⑦ 何炬：《大众传媒视角下城市旅游公共服务体系的构建》，《新闻战线》2015 年第 10 期。
⑧ 常文娟等：《论普适性旅游公共服务体系的构建》，《生态经济》2015 年第 1 期。
⑨ 周坤等：《亚旅游目的地城市旅游公共服务体系优化路径》，《商业时代》2014 年第 30 期。

阐述。赵华①介绍了新媒体时代下地方政府应如何利用官方网站、微博、微信以及手机应用为游客提供城市旅游公共服务。李辉、武晓英②对贵州少数民族地区旅游公共服务提出了改进对策。孙怡③提出适应"三自"时代的旅游公共服务体系必然是以信息服务为核心内容的服务体系。

（三）旅游公共服务的供给研究

主要包括旅游公共服务（产品）性质研究、供给主体构成、政府职能与行为、供给模式和机制、平台建设及智慧化等内容。李爽④尝试建构了旅游公共服务供给机制的概念模型和复合供给机制框架下旅游公共服务有效供给的多种可能的运作模式。王佳欣⑤运用 IPA 诊断法分析我国旅游公共服务供给现状，初步构建了旅游公共服务多中心供给机制。李建中等人⑥认为"第三部门"可以对节事活动中旅游公共服务政府供给数量不足进行有效补充及对企业供给方面的缺陷进行较好弥补。张侠⑦通过对武汉都市旅游发展中政府职能的实证研究，提出了优化都市旅游发展过程中政府职能的模式。余斌在其学位论文中总结了广东旅游公共服务体系建设过程中省旅游局的作用发挥及其职能的不足⑧。

① 赵华：《新媒体视角下城市旅游公共服务体系的构建》，《新闻战线》2014 年第 10 期。

② 李辉等：《贵州少数民族地区旅游公共服务体系的建构》，《贵州商业高等专科学校学报》2015 年第 2 期。

③ 孙怡：《"三自"时代下构建滨湖区旅游公共服务体系的探索与建议》，《经贸实践》2015 年第 8 期。

④ 李爽：《旅游公共服务供给机制研究》，博士学位论文，厦门大学，2008 年。

⑤ 王佳欣：《基于多中心视角的旅游公共服务供给机制研究》，博士学位论文，天津大学，2012 年。

⑥ 李建中等：《节事活动旅游公共服务第三部门供给研究》，《社会科学》2009 年第 10 期。

⑦ 张侠：《都市旅游发展与政府职能研究》，博士学位论文，华中师范大学，2009 年。

⑧ 余斌：《旅游公共服务体系建设中的政府职能研究》，硕士学位论文，华南理工大学，2012 年。

李爽和黄福才[①]提出旅游公共服务的路径优化，探讨了政府、市场、社会共同参与的旅游公共服务供给模式。郭胜[②]认为政府是旅游节事活动的主导者。张泰城、王伟年[③]认为应从加强地方政府的监管职能、加强旅游公共信息平台建设、积极培育非政府组织等方面对地方政府行为进行矫正。李爽[④]探索了旅游公共服务有效供给的优化途径。侯晓丽和胡正旭[⑤]指出公共服务的有效供给应着眼社会需求的满足与供给的可持续性。徐冬东[⑥]指出政府要规划、规范旅游公共服务体系。一方面，解决好旅游行政部门的控制者角色问题，赋予旅游行政管理机构监督、控制旅游公共服务体系建设的法律职能；另一方面，在旅游公共服务体系建设中要营造良好的外部投资环境。刘慧洁[⑦]基于乡村社区旅游公共服务供需矛盾突出、政府供给效率低下等原因论述市场化供给的必要性。刘慧洁与王莹[⑧]提出基于乡村旅游产业链的市场化供给模式是行之有效的供给方式之一。王晚霞[⑨]指出政府

① 李爽等：《旅游公共服务多元化供给：政府职能定位与模式选择研究》，《旅游学刊》2012 年第 2 期。

② 郭胜：《节事活动的旅游公共服务——以政府的视角》，《无锡职业技术学院学报》2008 年第 7 期。

③ 张泰城等：《旅游公共服务建设中地方政府行为分析》，《中州学刊》2009 年第 4 期。

④ 李爽：《旅游公共服务有效供给的效率本质与实现研究》，《广东科技》2010 年第 19 期。

⑤ 侯晓丽等：《低碳背景下旅游公共服务有效供给机制刍议》，《商业时代》2011 年第 25 期。

⑥ 徐冬东：《旅游公共服务体系建设中的政府职能分析》，《旅游纵览（下半月）》2014 年第 5 期。

⑦ 刘慧洁：《乡村社区旅游公共服务市场化供给政府激励性规制研究》，硕士学位论文，浙江工商大学，2015 年。

⑧ 王莹等：《基于产业链的乡村社区旅游公共服务市场化供给与政府激励性规制探析》，《旅游论坛》2015 年第 5 期。

⑨ 王晚霞：《旅游公共服务市场化与政府的作用研究》，《中国高新技术企业》2015 年第 32 期。

是旅游公共服务的供给者，应尽可能地满足民众的需求，同时，政府也是旅游公共服务的监督者，应对公共设施进行维护和管理监督。成岑等[1]引入社会企业理论，强调应该建立包括政府、企业、非营利性社会组织和社会企业在内的旅游公共服务复合运行机制。胡洪彬[2]认为台湾旅游公共服务供给可以具体划分为政府主导的旅游公共服务体系、各类社会机构参与的供给体系，在此基础上形成"政府——社会"协同供给模式。

（四）旅游公共服务的质量（绩效）评价评估

重点涵盖了质量（绩效）评估的指标体系、评估方法、旅游者满意度评价指标等内容。叶全良、荣浩[3]构建了全新的旅游公共服务评价指标体系，并进行了实证研究。张俊霞、段文军[4]初步建构了以平衡记分卡为基础的旅游公共服务综合绩效评价体系。王永桂[5]基于模糊综合评价方法建立评价模型。肖婷婷、黄燕玲[6]借鉴结构方程构建质量评价假设模型，并以此展开阐述旅游公共服务质量评价的关键驱动因素，如政府主导下的旅游

① 成岑等：《地方旅游公共服务运行机制分析——基于公共产品属性的视角》，《旅游纵览（下半月）》2015年第1期。

② 胡洪彬：《台湾旅游公共服务体系及其对大陆的启示》，《台湾研究集刊》2013年第5期。

③ 叶全良等：《基于层次分析法的旅游公共服务评价研究》，《中南财经政法大学学报》2011年第3期。

④ 张俊霞等：《综合绩效评价指标体系构建分析——基于平衡计分卡的旅游公共服务》，《现代商贸工业》2011年第18期。

⑤ 王永桂：《旅游公共服务水平评价研究——基于模糊综合评价方法分析》，《内蒙古农业大学学报》（社会科学版）2011年第13期。

⑥ 肖婷婷：《从桂林国家旅游综合改革试验区看旅游公共服务质量评价驱动因素研究》，《江苏商论》2011年第11期。

公共服务感知、市场主导下的旅游公共服务感知等。谷艳艳[①]对上海市旅游公共服务体系质量进行了评价。肖婷婷等[②]分析了旅游公共服务游客满意度内涵及其影响因素。程道品等[③]则主要通过结构方程模型分析旅游公共服务体系与游客满意度之间的关系。李晓[④]通过问卷调查方法，探知公众对于苏州旅游公共服务的满意度评价。连漪等[⑤]利用人工神经网络模型研究旅游公共服务体系，并以此为分析工具推测旅游者满意度。李爽和甘巧林[⑥]从游客感知视角出发，建立节事活动旅游公共服务的评价体系。常文娟和熊元斌[⑦]以效力、效率和公平性为评价标准，建立了一套旅游公共服务评价指标体系。

（五）旅游公共服务与智慧旅游、服务接触等的研究

主要包括服务过程中对游客感知的关注，智慧化、个性化的把握以及服务接触情境设计和优化等。王京传、李天元[⑧]提出"服务接触"新概念，并且认为应关注服务接触环节，以其相关要求来规范旅游公共服务体系的基本内容。李萌[⑨]认为所谓"智

---

① 谷艳艳：《城市旅游公共服务体系构建与质量评价》，硕士学位论文，上海师范大学，2011 年。

② 肖婷婷等：《基于因子分析的旅游公共服务游客满意度研究——以桂林国家旅游综合改革试验区为例》，《北京第二外国语学院学报》2011 年第 33 期。

③ 程道品等：《旅游公共服务体系与旅游目的地满意度的结构关系研究——以桂林国家旅游综合改革试验区为例》，《人文地理》2011 年第 26 期。

④ 李晓：《苏州旅游公共服务体系构建实证研究——基于游客满意度视角》，《江苏商论》2012 年第 8 期。

⑤ 连漪等：《旅游公共服务体系的完善程度与游客满意度研究》，《商场现代化》2009 年第 5 期。

⑥ 李爽等：《游客对大型节事活动旅游公共服务感知评价研究——基于第 16 届广州亚运会期间的考察》，《经济地理》2011 年第 31 期。

⑦ 常文娟：《旅游公共服务水平评价及实证分析》，《统计与决策》2015 年第 17 期。

⑧ 王京传等：《服务接触：目的地建设旅游公共服务体系的新视角》，《旅游学刊》2012 年第 27 期。

⑨ 李萌：《基于智慧旅游的旅游公共服务机制创新》，《中国行政管理》2014 年第 6 期。

慧旅游"是综合运用现代电子、网络和信息技术建构的全新旅游产业和事业运营管理体系，智慧旅游能够在旅游者、旅游企业、利益相关者和行业管理者之间搭建网状交叉互动的资源共享和价值共创平台，是旅游公共服务管理的一大创新。黎忠文等人①提出智慧旅游公共服务供给模式的研究不能脱离安全工程。郭晓东和李莺飞②以从 CNKI 学术总库中整理获取的 271 篇文献为具体研究对象，对中国智慧旅游的阶段性研究成果开展文献计量分析和主题内容分析。黎忠文③提出公共服务评价系统是智慧旅游公共服务体系的重要组成部分，从"智慧"的视角，用"安全关键系统构建理论"分析了旅游公共服务供给模式，并建立了四川智慧旅游公共服务的评价指标体系。柳光露等人④认为，加强微博的互动性是建设和发展旅游公共服务体系的有效途径。黎忠文与唐建兵⑤从"数据流动"的视角讨论了智慧旅游公共服务的基础概念和理论。

（六）旅游公共服务体系建设的价值准则

一包括旅游公共服务体系建设应遵照的价值观念、指导原则、基本思想、绿色低碳理念等内容。刘德谦⑥认为旅游公共服

① 黎忠文等：《智慧旅游公共服务体系内涵及构建思考》，《商业时代》2014 年第 30 期。

② 郭晓东等：《中国智慧旅游研究综述》，《旅游论》2015 年第 9 期。

③ 黎忠文等：《智慧旅游公共服务评价指标研究——以四川省为例》，《资源开发与市场》2014 年第 11 期。

④ 柳光露等：《智慧旅游公共服务体系建设中微博营销的现状及对策》，《科技创新与应用》2015 年第 34 期。

⑤ 黎忠文等：《"数据流动"视角下智慧旅游公共服务基本理论问题探讨》，《四川师范大学学报》2015 年第 1 期。

⑥ 刘德谦：《关于旅游公共服务的一点认识》，《旅游学刊》2012 年第 27 期。

务体系建设工作总体上不足，还存在五个欠缺。窦群[①]对我国旅游公共服务体系建设的理论进行了探索创新。谢朝武和周沛[②]提出了面向旅游者安全的公共服务体系的构建原则、基本结构和保障机制。徐菊凤[③]认为旅游公共服务建设存在学术界和产业界的认识不清，供给主体模糊及供给体制与运行机制不畅通等问题。董培海和李伟[④]通过国内外旅游公共服务体系的比较，提出由于发展中国家旅游产业发展存在更多的政治、经济原因，特别注重"政府主导"，在自上而下的制度框架下寻求经济利益的最大化。王芳、董培海[⑤]认为旅游公务服务的主体受益者是游客、社区和居民，它具有为游客提供服务，改善社区生活品质，促进社会和谐并提高社会文明的本质属性。但在以发展经济为主的中国社会背景下，旅游公共服务体系的本质难以体现。

（七）旅游公共服务的实证研究

包括特定产品形态（如红色旅游、赛事旅游、残疾人旅游）、特定地域（北京、桂林、上海等）或特定节点（区域节事旅游、北京奥运会、广州亚运会、上海世博会等）的旅游公共服务相关研究。徐菊凤、王毓梅[⑥]、陈洁[⑦]、万艳霞[⑧]、吴源、

① 窦群：《我国旅游公共服务体系：从理论到实践的探索》，《旅游学刊》2012 年第 27 期。

② 谢朝武等：《面向旅游者安全的公共服务体系研究》，《华侨大学学报》2011 年第 1 期。

③ 徐菊凤：《旅游公共服务：理论与实践》，中国旅游出版社 2013 年版，第 2 页。

④ 董培海：《关于"旅游公共服务体系"的解读——兼评我国旅游公共服务体系建设》，《理论参考》2012 年第 9 期。

⑤ 王芳等：《旅游主体价值观对旅游公共服务体系建设的多向影响研究》，《保山学院学报》2013 年第 3 期。

⑥ 王毓梅等：《四川旅游度假区旅游公共服务体系建设问题研究》，《旅游纵览（下半月）》2013 年第 10 期。

⑦ 陈洁：《旅游公共服务体系构建研究》，硕士学位论文，云南财经大学，2014 年。

⑧ 万艳霞：《桂林市旅游安全信息公共服务体系构建研究》，硕士学位论文，广西师范大学，2014 年。

郭盛晖①、杨东鹏②、王莎莎③、李娟、王红林④、周瑞雪⑤、刘昌雪和汪德根⑥、曹晓慧⑦、李康⑧、覃蕊⑨、张苗⑩、赵宇飞⑪、窦银娣⑫、伍海琳和张曼合⑬、李克强⑭、陈宝胜⑮、张文秀⑯、韩钟玉⑰、陈喜泉⑱、刘昌雪和汪德根⑲、吴冬颖⑳、战丽娜、张昊㉑、

① 吴源等：《广州亚运旅游公共服务体系构建及保障措施》，《企业导报》2010 年第 5 期。

② 杨东鹏《南京市旅游公共服务体系政策支持研究》，硕士学位论文，南京农业大学，2013 年。

③ 王莎莎：《秦皇岛旅游公共服务体系建设的问题与建议》，《重庆科技学院学报》2011 年第 3 期。

④ 李娟等：《丽江旅游公共服务体系建设与优化路径分析》，《商》2013 年第 3 期。

⑤ 周瑞雪等：《散客时代河南省旅游公共服务体系的实证研究》，《四川旅游学院学报》2014 年第 3 期。

⑥ 刘昌雪等：《外国游客对中国城市旅游公共服务体系满意度评价——以苏州市为例》，《城市发展研究》2015 年第 7 期。

⑦ 曹晓慧：《呼和浩特市旅游公共服务体系建设策略研究》，《中外企业家》2015 年第 32 期。

⑧ 李康：《广东省旅游公共服务体系建设的现状及其优化研究》，硕士学位论文，兰州大学，2014 年。

⑨ 覃蕊：《云南省旅游公共服务供给状况研究》，硕士学位论文，云南大学，2013 年。

⑩ 张苗：《云南旅游公共服务体系建设研究》，硕士学位论文，云南财经大学，2014 年。

⑪ 赵宇飞等：《略论吉林省旅游公共信息服务体系建设》，《现代营销》（学苑版）2014 年第 10 期。

⑫ 窦银娣等：《低碳旅游视角下旅游景区旅游公共服务体系的构建——以湘西凤凰古城为例》，《衡阳师范学院学报》2013 年第 6 期。

⑬ 伍海琳等：《供需感知视角下的旅游公共服务体系整合开发探析——以长沙市为例》，《湖南人文科技学院学报》2015 年第 4 期。

⑭ 李克强：《基于旅游公共服务的城市主题公园满意度研究——以株洲方特欢乐世界为例》，《衡阳师范学院学报》2015 年第 3 期。

⑮ 陈宝胜等：《池州市旅游公共服务体系建设研究》，《科技视界》2015 年第 26 期。

⑯ 张文秀：《新疆旅游公共服务体系游客感知评价研究——来自供需平衡视角下的调研统计分析》，《新疆农垦经济》2015 年第 3 期。

⑰ 韩钟玉：《旅游公共服务体系构建中政府行为分析——以承德市旅游公共服务体系为例》，《河北民族师范学院学报》2015 年第 1 期。

⑱ 陈喜泉：《国际旅游岛旅游公共服务体系的建设与监管探究》，《产业与科技论坛》2015 年第 3 期。

⑲ 刘昌雪等：《外国游客对中国城市旅游公共服务体系满意度评价——以苏州市为例》，《城市发展研究》2015 年第 7 期。

⑳ 吴冬颖：《完善旅游公共服务增强哈尔滨旅游业发展后劲》，《学理论》2015 年第 7 期。

㉑ 战丽娜等：《跨行政区旅游公共服务平台建设实证分析——以东北东部（12 + 1）市（州）为例》，《现代经济信息》2015 年第 11 期。

闫栋栋①、乌伊罕②等学者从不同的视角和侧重点分别对北京、上海、广州、秦皇岛、南京、桂林、苏州、海口、青岛、大连、长沙、株洲、池州、福州、丽江、呼和浩特、广东、云南、四川、浙江、山东、河南、安徽、海南、新疆、吉林、湘西、东北地区、拉萨、克什克腾旗等地的旅游公共服务体系建设现状进行了梳理和研究，指出不同目的地旅游公共服务体系建设发展中的优势与劣势，或是对实际工作中存在的问题进行总结，或是提出新的策略和方法等等，这些案例为今后我国城市旅游公共服务体系的建设提供了借鉴。武恩钧③分析了我国健身体育旅游公共服务发展动力机制构建的主要因素。卢青、颜秉峰④分析了山东构建休闲体育旅游公共服务体系发展战略的主要路径。陈文玉⑤调查分析了入境旅游者对苏州市旅游公共服务体系的满意度。陈蕊⑥建议建立政府主导的混合安全保障供给机制、专业的"事前—事中—事后"安全保障体系以及对旅游公共服务从业人员进行特殊技能教育。张树俊⑦指出季节型旅游同样也离不开旅游公共服务的支撑。

特别需要说明的是，上述分类中很多问题研究的开展其实

① 闫栋栋等：《拉萨市旅游公共服务体系构建及评价》，《旅游纵览（下半月）》2014年第11期。

② 乌伊罕：《克什克腾旗旅游公共服务体系建设：现状、问题与对策》，硕士学位论文，中央民族大学，2013年。

③ 武恩钧：《我国健身体育旅游公共服务体系动力机制构建研究》，《山东体育科技》2013年第5期。

④ 卢青等：《山东休闲体育旅游公共服务体系构建研究》，《山东体育学院学报》2014年第5期。

⑤ 陈文玉：《入境旅游者对苏州旅游公共服务体系满意度调查研究》，《产业与科技论坛》2014年第15期。

⑥ 陈蕊：《西安残疾人旅游公共服务安全保障体系探析》，《现代交际》2015年第9期。

⑦ 张树俊：《季节性旅游与旅游公共服务机制建设——基于兴化千岛菜花节旅游的调查与思考》，《柳州职业技术学院学报》2015年第4期。

都是从实证研究的角度，与理论分析交叉进行的，如对广州、苏州、丽江等城市的旅游公共服务体系建设研究和对桂林、海南、西安等城市的旅游公共服务绩效评估研究等，不一而足，不再一一展开论述。

四　研究述评

尽管国内学术界独立研究旅游公共服务问题的时间不算太早，但是经过部分学者的辛勤努力，已然取得了较丰富的创新性成果，前期的开创性研究工作及成果，为旅游公共服务的深入研究、纵深拓展与实践行动提供了坚实的理论根基和不可缺少的文献支持。同时，也留下了很多值得思考、需要总结与探索提升的空间，为本书继续研究和构建旅游公共服务体系提供了可能。在本书进行过程当中（2012—2015 年间），相关研究成果呈"井喷式"增长，表明学术界对此问题的高度关注。特别值得注意的是，旅游公共服务研究文献的大量出现集中在 2012 年以后，其研究视野具有明显的区域性和局限性，研究焦点主要集中在概念介绍、理论阐析和实证研究，研究方法则主要局限于定性分析。不得不遗憾地指出，旅游公共服务研究尚未真正得到国内主流学术界的足够重视，也很少有跨学科多专业的交叉创新研究。已有的研究文章除了概念性论述之外，主要集中于旅游公共服务的供给及其机制、模式等方面内容，少数涉及旅游公共服务的需求分析，少数可以归纳为服务内容的体系，很少见到旅游公共服务供需互动的研究，更无对旅游公共服务体系性、完整性、系统性、全面性的分析。

学术界此前对旅游公共服务的研究已经从理论和实践二维

层面进行了坚实的铺垫，当然也为旅游业的发展做出了卓越的贡献。但是，诚如谢彦君教授所言，旅游学学科的不完善可能导致其子类学科发展的混乱。目前，学术界对旅游公共服务概念及其内涵、外延尚未形成统一的观点，对旅游公共服务供给模式的研究多从某市或某省之一域出发构建供给模型，而以全国或者从经济社会发展、大旅游业发展为视角来研究旅游公共服务供给的专题研究尚未发现。

从前文的论述中，我们可以大致把握当前我国旅游公共服务领域研究的基本特征总体进展和未来态势，为本书提供有益的启示。

（一）旅游公共服务研究呈现显著的"趋热性"特征，政策诱导效应极其明显[1]

依据是，2006—2009 年间发表的与旅游公共服务相关的文献十分有限（其中，2006 年和 2007 年，仅在国家旅游局官方网站的"旅游调研"栏目中查询到极其少量的相关文献，在中国知网未有相关文献收录），甚至在国务院和国家旅游局两个"意见"出台后文献数量的增长仍然比较缓慢。随后，在国家旅游局"十二五"专项规划的制定和发布后的 2010—2013 年，文献发表数量才有较快增长，2013 年达到顶峰，2014、2015 年回落趋稳，目前发文量基本稳定。

（二）旅游公共服务研究可能会不幸成为"应景式"的短期研究热点，没有形成核心著者群和核心期刊群，基本停留在单兵作战、各自为政的阶段，合作研究的社会网络亟待完善

旅游公共服务研究的"趋热性"和政策性诱导特征导致该

---

[1]　陈洁、吴琳：《国内旅游公共服务研究的文献计量和知识图谱分析——基于 CNKI 数据的分析》，《旅游论坛》2015 年第 6 期。

领域研究缺乏深入发掘、系统研究的持续热情和内在动力①，表现在以这一问题为研究主题并公开发表文章的期刊及著者非常分散，前后共发表1篇文献的著者和期刊比例甚高。大多数的期刊和著者只是把旅游公共服务研究当作应景点缀，浅尝辄止，在学术研究上赶时髦、凑热闹。比如，这个阶段出现了占比很大的很多文献成果高度集中在以某一个特定区域为实证的旅游公共服务体系建设研究，即是一个明显的佐证，同时也不得不说是一大遗憾。

（三）旅游公共服务研究体系尚未形成，主题类别缺乏细分或分类不够明确，各主题之间缺少相互联系与呼应

"旅游公共服务""旅游公共服务体系""旅游公共服务供给"是目前旅游公共服务研究的热点，其中，纵向来看，主题类别的研究还缺乏细分或不够深入；横向来看，主题类别之间相互联系也比较疏松，值得在后续研究中进一步发掘，甚至可以融合其他跨学科的主题进行研究，挖掘新的研究兴奋点和生长点。如对旅游公共服务平台与智慧旅游交叉结合，可以创新开展服务平台智慧化、泛在化、个性化等研究；对公共信息资源与旅游公共服务平台交叉融合，可以创新拓宽旅游公共信息资源、信息服务研究等。

（四）旅游公共服务与政府是高度依存关系，旅游公共服务研究水平与旅游业发展状况呈正相关关系

纵览相关文献，我们不难发现，"政府"无论从词频还是中心度来看都比较高，成为各个研究主题类别发生联系或过渡的

---

① 陈洁、吴琳：《国内旅游公共服务研究的文献计量和知识图谱分析——基于CNKI数据的分析》，《旅游论坛》2015年第6期。

关键节点，与此同时，在各主题类别中频频出现"政府主导""政府监督与管理"等具有明显政府色彩的关键词，这充分表明在旅游公共服务体系构建和供给中政府扮演了极其重要的角色。以文献的空间分布作为考察维度，也可发现旅游公共服务研究质量与各省市旅游业发展状况大致相符，并且高度吻合国家旅游综合改革试验区的布点格局[1]。

（五）旅游公共服务研究领域出现的一些新问题需要持续予以更多关注

比如，旅游公共服务供给侧的改革、需求端的系统分析、供需两侧的良性互动、PPP 模式下的旅游公共服务有效供给、旅游公共服务法治化、智慧旅游的公共服务等，都可能成为未来旅游公共服务研究的新课题、新方向、新领域。

（六）多学科的交叉研究和多角度的研究视角初现端倪

问题复杂、涉及面广的旅游公共服务需要全方位、多学科、多角度进行交叉研究。从学科分类来看，共有至少 20 个学科类别被运用到这一问题的研究，其中，明显地以旅游学、经济学、公共管理、行政学等为主要学科，其他如企业管理、政治学、空间地理、信息科学等领域的理论和方法也被广泛借鉴到该研究领域，越来越多的数理统计理论和数学模型被应用到旅游公共服务的供给、绩效评估研究当中，表现出明显的学科交叉的重要性和相对优势[2]。

① 陈洁、吴琳：《国内旅游公共服务研究的文献计量和知识图谱分析——基于 CNKI 数据的分析》，《旅游论坛》2015 年第 6 期。

② 陈洁、吴琳：《国内旅游公共服务研究的文献计量和知识图谱分析——基于 CNKI 数据的分析》，《旅游论坛》2015 年第 6 期。

第二节　相关理论基础

一　公共产品理论

国外学者最早在财政学科研究中引入边际效用价值论，初步阐述了在市场经济运行中政府和财政的互补性和合理性，形成了公共产品理论雏形。公共产品理论最早的标志性成果之一是"林达尔均衡"（Lindahl equilibrium，1919 年）。"林达尔均衡"强调的是个人对公共产品的供给水平以及它们之间的成本分配进行并实现讨价还价的均衡。"林达尔均衡"指出公共产品价格主要取决于个人意愿而非政治选择机制和强制性税收。"林达尔均衡"让人们在公共产品的供给水平这个由来已久的问题上基本达成了一致。现代福利经济学代表人物保罗·萨缪尔森（Paul A. Samuelson）则给予了公共产品理论最直接的贡献。保罗·萨缪尔森（Paul A. Samuelson，1954、1955）相继提出并部分阐述了公共产品理论的核心及重点问题。保罗·萨缪尔森（Paul A. Samuelson）认为公共产品是"不论个人是否愿意自掏腰包进行购买，都能使每一个社会成员从中获益的产品，个体是否消费或消费数量并不会影响其他人"[1]。萨缪尔森高度概括了公共产品的基本特征：非排他性和非竞争性[2]。此外，公共选择学派的经典作家詹姆斯·布坎南（James M. Buchanan, Jr, 1965 年）针对"萨缪尔森归纳"范围之外的特殊性作出了重要的理论补充，提出"俱乐部产品理论（Club Theory）"，拓宽完

---

① ［美］保罗·萨缪尔森、威廉·诺德豪斯：《经济学》，北京经济学院出版社 1996 年版，第 238 页。

② Samuelson, Paul A. , "The Pure Theory of Public Expenditure", *Review of Economics and Statistics* , No. 36 , 1954 , pp. 387 – 398.

善了公共产品概念。布坎南相信，只要是集体为了某种原因而共同决定并通过集体提供的物品或服务，就是公共产品①。

公共产品理论把产品区分为公共产品（Pure Public Goods）、半公共产品（Quasi-Public Goods）和私人产品（Private Goods）。不可分割性、非排他性和非竞争性是公共产品最为显著的基本特征（见图2-2）。不可分割性指的是私人产品可以被分割成多个可供交易的独立单位，而公共产品则反之，国防、外交就是典型代表。非排他性是指公共产品的消费过程并不排斥其他消费者对同一产品的消费。非竞争性是指边际生产成本为零，也就是说，当供给达到一定的水平，消费者的增加不会提高供给成本；边际拥挤成本等于零，即任何消费者对公共产品的消费不影响其他消费者同时享用该产品的数量和质量。

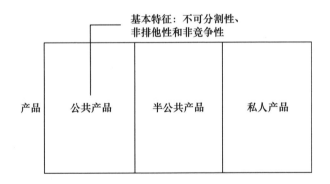

图2-2　公共产品理论中的产品分类

资料来源：笔者综合整理。

"市场失灵"的存在，使市场机制难以达到"帕累托最优"，也几乎不可能实现公共利益最大化，这是市场的"先天不

---

① 王莹：《公共产品与公共服务：文献述评》，《财政经济评论》2010年第1期。

足",同时也是政府提供旅游公共服务的合法性所在。此外,"外部效应"又可能导致私人提供无效或不足,这就需要政府出面提供旅游公共服务以弥补"市场缺陷"。

二 新公共管理理论

全球公共行政的发展总体上经历了传统公共行政(Traditional public administration)、新公共管理(New public administration)和新公共服务(New public service)三个阶段(见图2-3),每一个阶段都有其鲜明的特征,并影响过当时的社会发展。19世纪末20世纪初,传统公共行政初步形成,其理论基础是马克斯·韦伯(Max Weber)的理性官僚制理论(Bureaucracy theory)和威尔逊(Wilson)的政治与行政二分法(1887)。它的基本价值包括效率、代议制度、行政中立原则和科层式组织的行政领导等内容,其以效率为基本价值诉求[1],其他方面的价值都是以实现和维护效率为目的而存在。形成于20世纪80年代的新公共

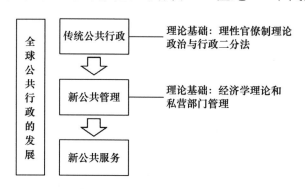

图2-3 全球公共行政的发展

资料来源:笔者综合整理。

---

① 柳云飞、周晓丽:《传统公共行政、新公共管理和新公共服务理论之比较研究》,《前沿》2006年第4期。

管理理论，则以经济学理论和私营部门管理作为自身的理论基础①，认为将市场机制引入公共领域是提高政府效率、纠正"政府失灵"的最佳方案，这样可以形成竞争关系，提高公共服务效率。

新公共管理理论是在"重塑政府运动"的那一轮管理改革中形成的，其最终是以"对传统的公共行政模式的全面清算和否定"的面目示人的。从 20 世纪 70 年代开始，在特定的时代背景下学术界又开始探索如何解决传统行政管理理论自身的局限性。源起于自由经济思想和新制度经济学的"新右派"思想在这段时期逐渐形成并开始占据主导地位。这种思想主张通过市场机制取代政府而对社会资源进行配置。在这样一股思潮的影响下，自 20 世纪 80 年代始，一场发轫于英美两国的新公共管理理论运动在西方各国迅速蔓延。C. 胡德（Heckseher. C）把这种新型的政府管理模式称为"新公共管理"②，预示着政府不如"后官僚组织"时代，互动交流和导向管理开始代替原有的单项等级指挥关系③。

新公共管理理论认为，在公共服务供给过程中政府应该做好"掌舵"的工作，而不应该去"划桨"，应该"分权"而非"集权"，应该强调"服务"而非"管理"。因此，应该以公众和市场需求为导向，在公共服务领域引入竞争机制④。

---

① 范绍庆：《行政学本土化：历史、生态和哲学的途径》，《行政与法》2008 年第 6 期。

② Miller, G. J., Moe T. M., "Bureaucrats, Legislators, the Size of Government", *The American political Science Review*, Vol. 177, No. 2, 1983, pp. 297 – 322.

③ Heckseher, C., *The Post-Bureaueralie Organisation*：*New Perspectives on Organisational Change*, New Delphi：24, 1994.

④ ［美］戴维·奥斯本、特德·盖布勒：《改革政府：企业家精神如何改革着公营部门》，上海译文出版社 1996 年版，第 118 页。

而新公共管理运动的重点是将商业管理领域的理论方法引入公共服务中，借助市场规则和管理模式来重塑政府机构，使得公共服务部门的内部管理合理化，以此提升公共服务水平。

新公共管理理论给旅游公共服务体系构建以诸多启示：一是供给应该以游客需求为价值取向；二是强调"有限政府"重构政府职能，打破政府垄断，政府由直接管理者变为间接管理者，由旅游公共服务的直接提供者转变为"监督者"；三是强调授权，倡导由专业化企业或非营利组织承担公共服务主体的角色，并强调对旅游公共服务绩效进行测量和评估；四是将"成本—效益"的理念引入旅游公共服务供给；五是调整政府职能，加强并赋予执行机构根据社会需求的优先次序进行资源配置的权责，确保其将主要精力集中在提供优质的公共服务上来。

三 公共选择理论

公共选择理论（Public Choice Theory）初始于 20 世纪 40 年代末，在 70 年代初发展为新的理论流派。

詹姆斯·麦吉尔·布坎南（James M. Buchanan，1986）是公共选择理论的奠基人之一。公共选择理论延续了新古典经济学的前提假设①，以公共选择作为研究对象，通过集体行动以及政治决策（即非市场决策程序）在公共服务主体之间分配资源，决定公共服务的供需水平，将个人选择变成集体选择②。公共选

---

① 方福前：《公共选择理论——政治的经济学》，中国人民大学出版社 2000 年版，第 10 页。

② 竺乾威：《公共行政理论》，复旦大学出版社 2008 年版，第 322 页。

择理论以政府的管理和公共政策的制定与执行为研究重点。该理论引入"理性经济人假设"对政府管理活动进行分析①。在公共选择理论的研究中，认为经济市场和政治市场的活动主体是同一的，其活动动机相同，可以采用同一分析机制。可见，政治市场上的个人依然符合经济人的经典假设②。

公共选择理论借用市场价值观分析政治市场，利用经济学观点考察政府部门的行为和基本运行情况。公共选择理论坚信公共服务低效率的根本原因在于政府垄断；政府公务员的创新精神被政府内部严苛呆板的规章制度所扼杀。为此，应充分发挥市场机制的作用，打破政府的垄断，向其他组织让出部分职能，建立良性竞争机制，使公众获得更充分的自由选择机会。事实上，公共选择理论主张通过限制政府的作用，重新界定政府、市场、社会组织三者之间的关系，藉此解决公共服务效率低下的顽瘴痼疾。

公共选择理论是旅游公共服务体系建设的重要理论基础。其主要启示有：一方面，在供给主体方面，为了让游客可以理性多样地进行选择，可以允许其他社会组织甚至个人通过合理的渠道提供旅游公共服务。另一方面，应该减少政府干预，将部分政府职能释放给市场和社会，允许政府、市场、非营利组织之间存在职能和服务范围的重叠交叉，打破公私界限，形成竞争关系，从而提高旅游公共服务的供给效率。

四 制度变迁理论

1970 年以来，由于经济史研究的不断深化，驱动经济增长

---

① 陈振明：《非市场缺陷的政治经济学分析——公共选择和政策分析学者的政府失败论》，《中国社会科学》1998 年第 6 期。

② ［美］詹姆斯·M. 布坎南：《自由、市场与国家》，上海三联书店 1993 年版，第29 页。

的指标体系中开始认可制度方面的因素，并逐步形成了制度变迁理论（Institution Change Theory）。西奥多·舒尔茨（Theodore W. Schultz）提出的制度是指涉及社会、政治以及经济行为的规则①。制度通过规则界定空间，约束人与人之间的关系。制度的作用主要表现在减少不确定因素、降低交易费用、实现产权保护等方面（见图2-4）。制度变迁（Institution Change）是新制度替代旧制度的过程，也就是制度创新甚至再创新。

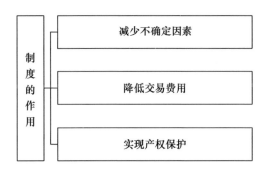

图2-4 制度的作用

资料来源：笔者综合整理。

当制度供给无法满足需求时，就会导致变迁。美国经济学家道格拉斯·诺斯和朗斯·戴维斯（Douglass C. North & Lance E. Davis，1994）等就提出了制度变迁的分析模型。该模型认为，制度变迁的前提是制度非均衡，当出现非均衡状态时，制度就需要创新，进而形成新的制度均衡。但是，制度均衡并不是永恒的，在博弈过程中肯定会被不断地打破。制度变迁与否以及何时发生，取决于成本与收益的对比权衡②。

---

① ［美］T. W. 舒尔茨：《制度与人的经济价值的不断提高》，选自《财产权利与制度变迁》，上海人民出版社、上海三联书店（中译本）1994年版，第79页。

② ［美］L. D. 戴维斯、D. C. 诺斯：《制度变迁的理论》，转引自《财产权利与制度变迁》，上海人民出版社、上海三联书店1994年版，第266页。

制度变迁是制度由均衡状态到非均衡状态再到新的均衡状态的反复变化过程①（见图2-5）。人类一切活动的主要动机是获取利益，制度变迁的动机概莫能外。一定的制度条件下，行为主体一定是为了取得某种利益而采取行动。制度的制定、运

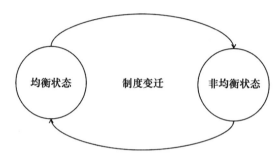

图2-5　制度变迁

资料来源：笔者综合整理。

行和维护的另一个前提条件是成本和费用的支出。因此，制度变迁都是经过成本效益的比较和权衡的，都不是随意倏然发生的。此外，制度的创新和变迁还需要考量到制度作为具体的公共产品，它主要依靠集体来实现创新，因而组织是实现制度创新的必要前提。

制度变迁理论为创新旅游公共服务制度提供了极其重要的理论支撑。比如，由于边界的模糊性、动态性以及互动性，旅游公共服务复合供给制度存在着若干不同供给主体组合的潜在选择。

五　公共治理理论

"治理危机"（Crisis in governance）一词由世界银行于1989

---

① 刘务勇：《制度均衡与制度变革》，《商业时代》2012年第4期。

年首次提出，随后，治理理念纷纷被引入政治学、经济学以及管理学领域并加以阐述发展。1995 年，联合国全球治理委员会（Commission on Global Governance）提出了"治理"的内涵。20世纪90 年代后，治理理论掀起了创新政府管理模式的高潮。过去很长一段时间里，行政学和政治学研究政府管理模式时都以"政府中心论"作为逻辑起点，而治理理论冲破了"政府中心论"的局限，形成依靠政府、市场、非营利组织三者所构成的多元合作主体共同处理公共事务的治理模式。治理理论泰斗詹姆斯·N. 罗西瑙（James N. Rosenau）指出，治理是依靠共同目标来支持的虽未得到正式授权但能有效发挥作用的管理机制。作为一种管理机制，公共管理的主体不应该局限于政府①。

格里·斯托克（Gerry Stroke）将治理理论总结为五种主要的观点，分别是：其一，意味着政府是国家唯一权力中心的传统观点被打破，给传统的政府权威带来挑战。其二，表明各种营利性部门和非营利性部门，尤其是非营利性部门越来越多地替代政府责任，导致国家与社会、公共部门与社会组织之间界限模糊甚至消失。其三，指出集体行为中存在权力依赖。为了实现目标，各个组织必须在特定的规则和环境下，依托自身资源，确立共同目标，进而实现交换。其四，参与者在自发形成的独立运行网络之中，可以发号施令，并与政府合作，承担某些行政管理职能及其风险。其五，表明政府权力不是履行职责的唯一能力。政府有责任引领和控制公共事务的发展方向②。

---

① 俞可平：《治理与善治》，社会科学文献出版社 2000 年版，第 179 页。
② 格里·斯托克：《作为理论的治理：五个观点》，《国际社会科学》（中文版）1999 年第 2 期。

治理理论在一定程度上弥补了政府管理缺陷和市场调节缺位。资源配置的最优化是无法仅仅通过政府管理的计划和命令来实现的。同样地，由于市场在供给公共服务、公平分配财富、克服生产的无政府状态等方面存在着先天的不足，因此，单一依靠市场调节也无法达成社会资源的最佳配置①。而作为倡导多元、民主、合作、去意识形态化的新模式，治理理论的出现能够弥补国家调控的缺陷和市场管理的短板，提高政府管理的灵活性和市场效率。公共服务供给中的"市场失灵"不等于说政府供给必定能够带来资源配置的"帕累托最优"，公共服务效率差、过量供给、水平低劣等问题的根源在于政府对供给的垄断。因而，理应引进竞争机制，通过政府出售、补贴、合同承包、凭单制等制度安排改进公共服务。

治理理论为旅游公共服务供给体系构建提供了理论依据，同时也为旅游公共服务多元供给主体的合理性和制度的多样化提供了必不可少的理论支持。

六 协同理论

20 世纪 70 年代初，德国物理学家赫尔曼·哈肯（Hermann Haken）首次提出了协同理论（Synergy Theory）②。该理论以有序结构为主要研究对象，有序结构是非平衡状态开放系统通过内部协同作用，自发达成时空和功能上的有序状态。协同理论认为，组织内的子系统产生协同效应的根本动因是自组织。即便系统没有受到外部影响，组织内部的子系统之间也可能在某

---

① 张劲松、纳麒：《从全能政治到有限政治：国家与社会关系的重大调整》，《思想战线》2006 年第 6 期。

② 唐棣：《论传统出版与数字出版的协同效应》，《才智》2015 年第 26 期。

种规则的作用下自发实现一定的功能和结构。

协同理论在较大程度上适用于旅游公共服务领域。首先，目前的旅游公共服务存在诸如效率低下和供需非平衡等问题。其次，旅游公共服务供给系统是一个典型的动态开放系统。我们在探索讨论如何提高供给效率时，实质上是探究不同主体之间的协调与合作，改变非平衡状态，提高供给效率。所以，协同理论对于探究旅游公共服务复合供给机制也有诸多启示：一方面，政府、市场、非营利组织等供给主体之间的协作，提供了更为开放的旅游公共服务供给环境，不仅发挥了不同供给主体的优势，而且还打破了政府垄断。第二，协同理论为旅游公共服务复合供给机制系统内各主体之间实现有效协同合作提供了理论依据。

七 公民导向理念

公民导向不同于新公共管理所体现的市场化和顾客导向的价值取向，它强调政府在经济、社会与管理活动中追求公民利益最大化，为此，还必须保障公民意志在公共管理中的决定地位①。美国"9·11"之后应运而生的新公共服务理论正是这一理念的最好阐释，它以民主公民权理论、组织人本主义等为理论基础，奉服务公民和公共利益为其规范性基础和卓越的价值观。新公共服务体现出几大要素的转变：一是公民角色的转变。从传统公共行政的被统治、被管理对象到新公共管理的"顾客"再到回归公民本位。二是政府角色的转换，从划桨者到掌舵者，

---

① 夏玮：《论服务型政府的公民本位指导理念》，《沈阳师范大学学报》2008 年第3 期。

再到服务者（新公共服务），政府由管理者逐渐转变到服务者。三是政府价值取向的转变。传统公共行政阶段的政府以经济、效益和效能为价值取向，将效率视为最高的价值追求，所以强调市场机制的调节；而在新公共服务阶段，公平、责任和公共利益的实现成为首要追求。四是政府治理的转变，从政府配置资源到市场配置资源，再到强调政府责任回归的多元配置，折射出政府责任和公民利益的逐步回归。五是参与形态的转变。从完全从属被动性地参与（传统公共行政）到以消费者的身份有选择地参与（新公共管理），再到自主地参与政府事务的决策和管理（新公共服务），反映出公民主体意识的不断强化和参与程度的不断扩大（见图2-6）。

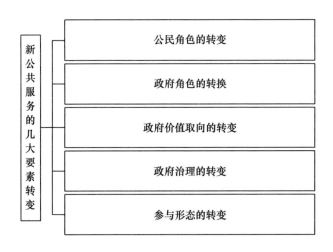

图2-6　新公共服务的要素转变

资料来源：笔者综合整理。

公共行政发展历程中不断发生的诸多转折、转换、转变和转型，其中最为核心的一点就是公民本位的回归。目前，我国已经进入向服务型转型的重要阶段，"以人为本"反射出政府改革的历程：一是从"全能"走向"有限"；二是由"权力"走向"责任"；三是由"利益"走向"中立"；四是由"掌舵"走向"服务"；五是由"管制"走向"服务"（见图2-7）。在服务型政府建设的过程中，需要以公民为中心，以公民需求为导向，加快推进经济政治体制改革，使社会各阶层对国家核心利益和社会整体利益的认识趋于一致，使社会各阶层都能分享社会经济发展的成果和公共服务的普惠，使社会大多数成员都能充分表达自己的利益诉求，使阶层之间社会流动的渠道通畅无阻。

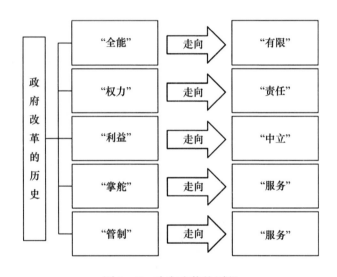

图2-7 政府改革的历程

资料来源：笔者综合整理。

八 网络治理理论

作为一种新兴的治理模式，网络治理（Net work Governance）逐渐为现代社会所认同。作为公共管理的新途径，网络治理是现代政府在社会矛盾激化的背景下，适应现代复杂社会的全新治理模式。① 网络治理概念最早起源于 20 世纪末，它指的是企业间或企业内部各部门间的合作。随着社会复杂性的日益突出，网络治理理论逐渐由企业管理领域被引入公共管理领域。网络治理与科层治理相对，与科层制以行政命令为主要领导方式、政府居于绝对主导地位的特点相对。它的突出特征是，将非政府组织等治理主体的重要性凸显在治理过程。它是这样一种治理模式：通过建立政策伙伴，就某一个具体治理议题，形成多个治理主体，以多元、理性、技术、规范来发展社会治理中个体与组织的自我治理能力。

以政治学的视角来看，网络治理指向的是"纵向互动"（vertical interactions）秩序的不足，这种秩序是传统议会民主所建立的。网络治理的"横向互动"（horizontal interactions）降低了各成员参与公共政策的成本，有利于优化公共政策的制定与实施。从公共管理的视角来看，网络治理因明晰公共服务的公共责任而产生（见图 2－8）。在现代社会中，纯粹由政府部门提供的公共服务越来越少。非营利组织在国家与社会中的作用越来越重要②。但是，非政府部门在公共管理中作用的日益突出，并不意味公共责任的消失。③ 在这种转变过程中，治理议题与公共责任并不会在做出私有化或者合同外包的决策之时而消失。

网络治理最初出现在公司治理的微观领域，由公司治理复杂性研究衍生而成。荷兰学者基斯·冯·克斯伯根（Kees Van

---

① 陶丹萍：《网络治理理论及其应用研究——一个公共管理新途径的阐释》，硕士学位论文，上海交通大学，2008 年。

② 吕龙丹：《非营利组织参与社会救助的 SWOT 分析》，《当代经济》2012 年第 8 期。

③ Eva Sorensen, Jacob Torfing, "Net Work Governance and Post-Liberal Democracy", *Administrative Theory and Praxis*, Vol. 27, No. 2, 2005, pp. 197－237.

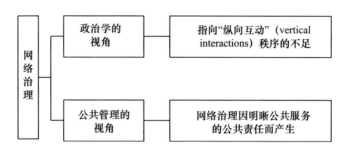

图 2 - 8 网络治理

资料来源：笔者综合整理。

Kersbergen）和弗朗斯·冯·瓦尔登（Frans Van Waarden）在《作为学科间桥梁的"治理"》中指出，网络治理是一种复合中心的治理形式，它与多中心治理形式——市场和单一中心或等级化治理形式相对应[1]。

作为一种全新的治理机制，网络治理超越了国家、市场和公民社会。对网络治理的内涵进行界定，主要有五个维度[2]（见图 2 - 9）：

1. 主体：有一系列横向比较稳定、资源交叉依赖、自主自由的行为体，包括私人部门、半（准）公共部门、公共部门等；

2. 互动方式：网络范围内各行为主体之间以谈判协商作为主要互动方式；

3. 行动框架：在特定条件的框架内进行；

4. 范围：在某种程度上进行自我约束；

5. 目的：在一个或多个政策领域内影响公共决策。

---

① 杨雪冬：《"治理"的九种用法》，《经济社会体制比较》2005 年第 2 期。

② 陶丹萍：《网络治理理论及其应用研究——一个公共管理新途径的阐释》，硕士学位论文，上海交通大学，2008 年。

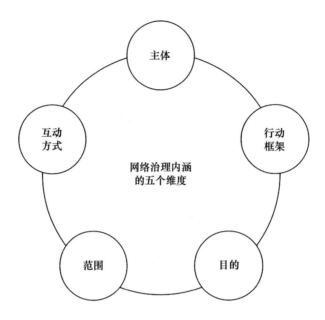

图 2 - 9　网络治理内涵的五个维度

资料来源：笔者综合整理。

第三节　相关概念简析

一　公共产品

　　不同的学者从不同角度和领域对公共产品（Public goods）进行了不同的内涵界定。保罗·萨缪尔森（Paul A. Samuelson）提出的定义是较早且较权威的关于公共产品的定义。保罗·萨缪尔森（Paul A. Samuelson）认为，纯公共产品（劳务）是任何人消费这种产品（劳务），不会导致其他人减少对该产品（劳务）的消费，换言之，公共产品的基本特征是消费的非排他性与非竞争性[①]。萨缪尔森定义堪称严谨，但现实生活的众多公共

————————

　　① Samuelson, P. A., "The Pure Theory of Public Expenditure", *Review of Economics and Statistics*, Vol. 36, No. 4, 1954, pp. 387 – 389.

产品或劳务消费难于完全满足该定义的全部特征而仅能满足部分特征。詹姆斯·布坎南对此做出了补充，他于 1965 年在《俱乐部的经济理论》中定义了"准公共产品"。准公共产品不必也不能同时满足"萨缪尔森条件"，其要么仅具有非排他性，要么仅具有非竞争性①。1993 年，布坎南综合借鉴了安东尼·阿特金森和约瑟夫·斯蒂格利茨等人的研究成果，再次对公共产品定义进行了补充，并重新将公共产品界定为："基于任意原因，由集体组织提供的产品或服务。"②

在"布坎南定义"之下，部分公共产品在一定程度上具有私人产品的属性，可以通过市场提供。只要是由集体决定并组织的，即便是由市场提供的私人产品也可以被视为公共产品。

按照排他性和竞争性两者表现程度的不同，人们习惯将公共产品区分为纯公共产品、俱乐部物品、公共资源（见图2－10）。

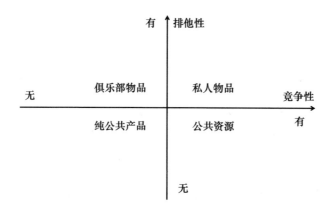

图 2-10　公共产品的分类

资料来源：笔者综合整理。

---

① 张颖：《美国公共产品供给演进轨迹研究》，博士学位论文，辽宁大学，2008 年。

② ［美］詹姆斯·M. 布坎南：《民主财政论——财政制度和个人选择》，穆怀朋等译，商务印书馆 1993 年版，第 20 页。

正因为"公共产品"具有难以精确界定的内涵和极其广阔的外延，本书所采纳的公共产品的概念是指每一位社会成员均可消费，而非专属任何个人单独消费的产品（劳务）。该"公共产品"以公共需求为基础，强调以公共性为公共产品的第一属性（基本属性），至于非排他性与非竞争性则是选择性属性。

二 公共服务

公共服务（Public service）是公共物品的从属部分，它是以服务的形式而存在的公共产品[1]。传统学术观念长期认为，政府在提供公共产品的过程中所伴生的"副产品"，即公共服务，它属于公共产品的范畴。随后的经济学研究则强调从更直接的角度和更宽泛的维度——"是否需要政府干预"来界定公共服务。保罗·A.格洛特和玛格丽特·史蒂文斯提出，"向大众提供服务的过程中大量存在的严重的市场失灵，是政府干预的合理性和合法性所在。政府干预的一般方式包括生产、资助和监管等"[2]。

国内一众学者也开展了对公共服务较为系统的研究。马庆钰认为公共服务是实践层面的概念，公共产品是其存在的客观根源[3]。宿一兵指出所谓公共服务是具有非排他性和非竞争性的社会服务[4]。句华提出广义的公共服务等同于公共产品，既包括具体的公共服务项目，也包括抽象的公共产品（例如法制、政

---

① 闫越：《我国公共服务供给的体制机制问题研究》，博士学位论文，吉林大学，2008 年。

② Grout, P. A., Stevens, M., "The Assessment: Financing and Managing Public Services", *Oxford Review of Economic Policy*, Vol. 19, No. 2, 2003, pp. 115 – 127.

③ 马庆钰：《公共服务的理性及其运作框架》，《国家行政学院学报》2005 年第 2 期。

④ 宿一兵：《美国公共服务理论对中国农村公共服务改革之启示》，《湖南农业大学学报》2005 年第 6 期。

策、体制等）。狭义的公共服务仅限于具体的公共服务项目①。赵子建强调，公共服务与公共产品两者等同，只是为强调供给方的公民本位、服务态度以及与供需之间的互动，才用前者取代后者②。

所以，不管是日本北海道坚持运行了三年时间的"一个人的车站"，还是国内近年掀起的"旅游厕所革命"，又或是云南省全力打造"七出省五出境"公路通道、"八出省五出境"铁路通道、"两出省三出境"水运通道初具规模的现代化综合交通体系③，为省委主要领导赢得"修路书记"的头衔，这些都体现了政府是提供公共服务的当仁不让的责任主体。

综合上述观点，本书将公共服务界定为，依托公共设施或公共部门，利用公共资源向社会公众所提供的服务，其供给对象是具有共同偏好或公共需求的消费群体或社会公众。换言之，公共服务是由政府和其他组织利用社会资源和公共权力向社会公众提供的各种服务的总称。

三　旅游服务

服务是基于满足顾客需求的目的，由供方内部活动以及顾客与供方接触的活动所形成的结果。世界旅游组织（UNW-TO）将旅游服务定义为：由旅游企业所提供的一切用以满足旅游者需要的产品或服务，涵盖旅游、旅行、运输、文娱、体育、金融等共计十二个类别。我们不难发现，该定义中的

---

① 句华：《公共服务中的市场机制：理论、方式与技术》，北京大学出版社2006年版，第6页。

② 赵子建：《公共服务供给方式评述》，《中共天津市委党校学报》2009年第1期。

③ 梁茂林、骆华松、李芳、左宝琪：《云南边境旅游走廊构建研究》，《资源开发与市场》2016年第10期。

旅游服务更多的其实是指旅游企业服务。本书拟采用的旅游服务定义，是指以旅游资源和设施为基础，以旅游活动为中心，行业和企业向旅游者提供旅游过程中所需要产品和服务的总和①。

四 旅游公共服务

在服务型政府建设纵深推进和旅游业转型升级背景下，旅游公共服务建设需要考虑旅游产业素质提升、旅游需求有效释放、政府职能改革等现实问题。当下，旅游业转型升级不仅停留在经济领域，也拓展到了社会领域，旅游公共服务的概念内涵发生了重大变化，具体体现在：目标由"非共享"向"共享"转化；性质由"营利性"向"非营利性"转化；供给内容由"以政府需要为导向"向"以公共需求为导向"转化；供给方式由单一供给向多元供给转化；评价导向由单一经济指标向综合指标转化②。由此可见，不断丰富的旅游公共服务领域的实践活动，必将导致旅游公共服务概念的界定更趋复杂。

本书认同詹姆斯·布坎南的观点，即公共产品包括纯公共产品和准公共产品。基于此，综合已有的研究成果及旅游公共服务实践（见表2-2），本书认为，旅游公共服务是不以营利为目的，由政府或非政府部门（社会组织、经济组织、志愿者等）提供生产和供给，用以满足旅游者及利益相关者的需求，体现出较强公共属性的产品及服务体系，其形态包括有形产品

---

① 中华人民共和国国家技术监督局：《旅游业基础术语》，GB/T 16766—200x［S］，《中华人民共和国国家标准》，中国标准出版社2008年版。

② 荣浩、王纯阳：《论社会转型期我国旅游公共服务的内涵、特性与分类框架》，《商业经济研究》2015年第21期。

和无形服务①。需要特别强调的是，旅游公共服务无论供给的主体是谁，或者提供的方式如何，其责任主体事实上始终是也必须是政府。

旅游公共服务具有特定的服务对象（也称受益者），根据受益程度的不同，包括狭义的服务对象（最终受益者，包括现实的和潜在的旅游者）和广义的服务对象（中间受益者，包括政府、旅游企业、社会非营利性组织、经济组织等旅游公共服务主体）。为了方便开展研究，本书拟将旅游公共服务对象限定为狭义的旅游公共服务对象，即以进入目的地的旅游者需求为主，兼顾当地居民的需要。

表 2 - 2　　　　　有关文献对"旅游公共服务"概念的界定

序号	概念内涵	外延	特征	作者/时间
1	政府旅游管理部门向社会提供的、不以营利为目的的旅游类服务		非营利性	杨大明，2006
2	为满足游客的需求，由政府或者其他社会组织为游客提供的直接和间接、具有外部效果、非排他性服务的总称	包括若干个子系统：旅游城市服务系统，旅游信息服务系统，旅游救助服务系统，消费者权益保护系统，突发事件应急系统，旅游志愿者服务系统	非排他性，有外部性	郭胜，2008
3		三大类：1. 基础性旅游公共服务；2. 市场性旅游公共服务；3. 管理性旅游公共服务		刘小军

① 李剀、孙荣华：《边疆民族地区省会城市的旅游公共服务评价模型及指标体系——以昆明市为例》，《西南边疆民族研究》2017 年第 2 期。

续表

序号	概念内涵	外延	特征	作者/时间
4	由政府提供或主导提供的,现实或潜在旅游者与旅游业经营者、从业人员不论国别、消费水平和地位、旅游形式如何都可以普遍享有的、市场或单个企业无力或不愿提供的服务和公共产品	两部分内容:1. 社会性公共服务提供的一部分旅游公共服务功能;2. 为旅游需求专门提供的旅游公共服务	共享的,市场失灵的	《北京市旅游公共服务体系研究》课题成果(2008)
5	无定义,但指出提供服务的责任方是政府,受益者狭义为旅游者,广义含当地居民	城市公共旅游交通服务设施、公共旅游信息服务设施、公共旅游交流服务设施、旅游金融服务设施以及旅游安全保障设施等		张广瑞,2008
6	政府机构向社会提供的、不以营利为目的的各类服务	三大类:1. 基础性旅游公共服务;2. 市场性旅游公共服务;3. 管理性旅游公共服务	非营利性	张泰成、王伟,2009
7	广义:由政府提供或主导提供的,现实或潜在旅游者与旅游业经营者、从业人员不论国别、消费水平和地位、旅游形式如何都可以普遍享有的、市场或单个企业无力或不愿提供的服务和公共产品。狭义:指上述范畴中仅针对旅游者而设计与提供的旅游公共服务	主要包括:旅游交通服务,旅游信息服务,旅游安全保障	市场失灵的,共享的	张萌、张宇等,2010
8	由政府或其他社会组织提供的,以满足旅游者共同需求为核心,不以营利为目的,具有明显的公共性的产品和服务的总称。根据受益对象有广义、狭义之分	旅游基础设施类服务;旅游公共信息类服务;旅游行业指导类服务;旅游安全监测类服务	非排他性和非竞争性;兼有生产性和消费性,公益性和营利性;服务具有多样性、层次性和区域性	李爽,2010

续表

序号	概念内涵	外延	特征	作者/时间
9	为促进区域旅游业的发展而由公共部门、社会组织等多个主体针对旅游者的特定需求所提供的，同时能为非旅游者所共享的各种设施和服务		共享性、非营利性（社会效益居首）	董培海、李伟，2010
10	为满足旅游者旅游活动的需求，主要由政府在旅游目的地范围提供的具有公益性、服务型特点的公益项目和配套设施等物质结构的总称	主要内容包括设施与服务两种类型。具体内容：旅游信息服务，旅游交通服务，旅游安全服务，旅游管理服务，旅游环境服务	非营利性，非排他性，显著公共性	谷艳艳，2011
11	政府和其他社会组织、经济组织为满足海内外游客的公共需求，而提供的基础性、公益性的旅游产品与服务	包括旅游公共信息服务、旅游安全保障服务、旅游交通便捷服务、旅游惠民便民服务、旅游行政服务等	基础性，公益性	中国旅游公共服务"十二五"专项规划，2011
12	以旅游管理部门为主的相关公共部门为满足旅游公共需求，向国内外旅游者提供的基础性、公益性的公共产品与服务	主要包括旅游公共信息服务、旅游公共服务设施、旅游安全保障、旅游公益惠民产品、旅游行政服务	基础性，公益性	李军鹏，2012
13		体系包括：旅游公共交通服务，旅游公共信息服务，旅游公共安全服务，旅游公共环境服务，旅游公共救助服务	公益性，共享性	王信章，2012

资料来源：笔者综合整理。

从外延关系上看，旅游公共服务从属于旅游服务的范畴，是旅游服务体系中极端重要甚至是基础性的组成部分。旅游公共服务又在本质上严格区别于旅游市场服务（旅游企业服务），前者同时追求效率和公平两个目标，后者追求利润最大化（见

图 2 - 11）。

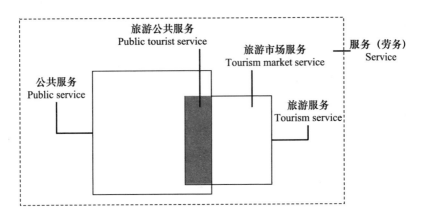

图 2 - 11　旅游公共服务与其他服务的关系

资料来源：笔者设计。

旅游公共服务体系，则重点关注和着力解决资源的分配问题，它包括旅游公共服务的需求、供给、评价和保障各个方面（子系统）。因此，旅游公共服务体系是指在一定的环境条件、供需模式和政策规范下，依据特定机制、机理而形成的旅游公共服务系统。

五　旅游公共服务的特征

（一）旅游公共服务同时具备共享性与非共享性的双面特征（见图 2 - 12）

旅游公共服务的共享性特征，是指旅游公共服务供给内容的外溢性，例如生态保护和一般性便利设施的建设等，无论是处在特定区域内的当地居民，或是前往本地旅游的游客，又或是潜在旅游消费者，都可以共享该公共服务；旅游公共服务的非共享特征，指由于某些供给项目的不可移动性，例如旅游地推广、公共交通设施、教育培训等内容，只能为当地居民或进入该旅游目的地的游客所享有。

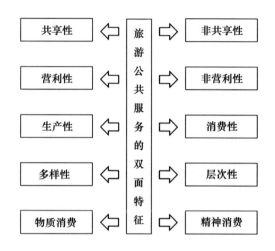

图 2 - 12 旅游公共服务的双面特征

资料来源：笔者综合整理。

（二）旅游公共服务同时具备营利性与非营利性的双面特征

旅游公共服务具有营利性特征，指的是一部分旅游公共服务供给内容属于准公共产品的范畴。这部分旅游公共服务可以按照商业化、市场化方式来提供，并向具体的服务对象收费。旅游公共服务的非营利性特征，是某些介于纯公共产品和私人产品之间的旅游公共服务，虽然其自身可能具有营利性质，但其营利性是相对的，不能丧失公共性和公益性，不能不考虑公共利益和社会效果。这也是目前我国旅游公共服务提供过程普遍存在的问题，尤其是城市公园、博物馆、自然保护区等具有公益性质的产品设施，其营利性质过于突出。

（三）旅游公共服务同时具备生产性与消费性的双面特征

旅游公共服务具有生产性特征，是指通过向旅游企业提供相关公共服务，促使其更好地向游客提供优质对路的服务。旅游公共服务具有消费性的特征，是指以现实游客和潜在游客为直接服务对象，通过为游客提供旅游咨询、安全保障等服务，以确保旅游消费活动顺利开展。

（四）旅游公共服务同时具备多样性与层次性的双面特征

旅游公共服务的多样性特征，主要体现在以下方面：一是服务需求多样化。全民旅游时代，旅游者趋向于追求体验性、趣味性和娱乐性更强、品质更高、更能满足其个性化和特殊体验需要的新鲜旅游方式，客观上促使旅游者的旅游活动与过程中的各个环节发生直接联系，加快释放了旅游者对旅游目的地信息、公共安全等服务的需求。旅游公共服务需要顺应这一变化，丰富和完善原有的旅游公共服务，提供与之相适应的多样化服务[①]。二是服务对象的多样化。游客群体具有性别、年龄、学历、阅历、性格、健康等差异，使得旅游公共服务对象多种多样，为了保证供给效率，需要加强对旅游群体的细分研究。三是供给方式的多样化。旅游公共服务的供给方式在不同区域、不同阶段下，应有所差别，换句话说，社会经济水平和旅游产业发展阶段不同，旅游公共服务的供给主体、供给方式、供给内容也应不同。其过程是一个历时性演化阶段，需要因地制宜、因时制宜地进行分析。旅游公共服务具有层次性特征，是指供给内容上存在不同的层次。从供给侧来看，居民收入水平存在明显分化，旅游消费领域相应地呈现出多元分化；从需求端来看，家庭可支配收入、个人受教育程度、职业状况等因素都会影响旅游消费的数量和内容，引起公共服务的需求数量和质量

---

① 荣浩、王纯阳：《论社会转型期我国旅游公共服务的内涵、特性与分类框架》，《商业经济研究》2015 年第 21 期。

的差异。因此，旅游公共服务需求和供给两端都表现出显著的
层次性特征。

（五）旅游公共服务同时具备物质消费与精神消费的双面
特征

所谓物质消费，指的是公共服务提供的交通、安全、信息
等设施设备，是基础性公共服务，也是精神性消费实现的前提。
所谓精神消费，指的是公共服务提供的环保、教育、心理和文
化等公共服务，与游客所追求的更高的精神文化体验相关，具
有不同于一般公共服务的更高层次的消费特征。

六　旅游公共服务的分类

（一）按公共服务属性进行分类

可以将旅游公共服务划分为具有纯公共产品性质和准公共
产品性质两种。纯公共产品性质的旅游公共服务具有完全的非
竞争性和非排他性，例如旅游消费权益保障、旅游公共安全救
援、旅游生态环境保护等；准公共产品性质的旅游公共服务具
有有限的非竞争性或有限的非排他性，例如旅游公共交通设施、
游憩设施、旅游信息宣传等（见图2-13）。

（二）按公共服务内容进行分类

可以将旅游公共服务分为若干个子体系，包括旅游交通便
捷服务体系、旅游便民惠民服务体系、旅游信息咨询服务体系、
旅游安全保障服务体系、旅游行政服务体系等，诸多子体系共
同构建了旅游公共服务体系（见表2-3）。本书在后续分析中
采用的分类即主要参照此法。

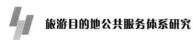

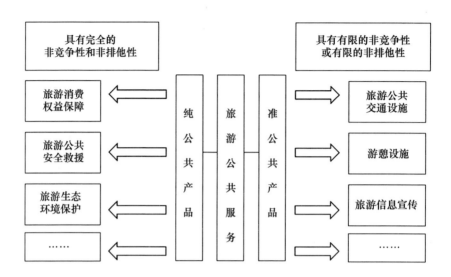

图 2 - 13　旅游公共服务属性分类

资料来源：笔者综合整理。

表 2 - 3　　　　　　　　**旅游公共服务体系的构成/分类**

子系统	重点内容	表现形式
旅游信息咨询服务体系	建立信息与服务标准	涉及信息资源采集、编辑、发布、更新的旅游公共服务信息标准等
	建设信息服务渠道	旅游咨询中心、旅游资讯网、旅游地图、旅游服务热线等
	发布旅游重要信息	假日旅游预报、目的地风险提示、旅游服务质量披露
旅游安全保障服务体系	健全相关法制、体制	标准化建设；应急预案；相关设施和服务；部门协作的管理机制等
	安全风险防范	安全检查；安全科技研究；旅游气象信息发布等
	旅游应急处置	建设应急救援设施、专业队伍、依托社会的旅游紧急救援体系等
	安全宣传和培训	安全教育宣传活动；将安全知识纳入旅游职业教育和高等教育
	旅游保险保障	开发推广旅游企业责任险、游客个人险

续表

子系统	重点内容	表现形式
旅游交通便捷服务体系	完善公共交通旅游功能	航班、旅游专列、旅游支线公路、邮轮码头、郊县公交车、旅游巴士等的开通
	建立旅游集散中心体系	建立咨询、换乘、订票等综合功能的集散中心
	建设交通导引标识体系	建设标识系统、交通导览图等
	完善自驾游服务体系	建设自驾旅游服务区、自驾车营地与汽车旅馆等
旅游惠民便民服务体系	实施国民旅游休闲计划	带薪休假制度；推进公园、博物馆、纪念馆、体育馆等景区免费开放；森林生态游、滨海游等专项旅游等
	发放优惠券及优惠卡	国民旅游休闲银行卡、旅游优惠邮政明信片等
	建设惠民休憩环境	道路绿化、街心公园、休闲街区、城市绿地等旅游景观建设等
	建设便民服务设施	完善医疗、金融、供水供电、邮政、通信等旅游公共服务设施；景区内停车场、游客服务中心、导览等服务设施；无障碍旅游设施；旅游测试等
旅游行政服务体系	旅游服务质量监管	服务标准化；服务质量监管和投诉处理等
	旅游生态建设与保护	生态植被保护与恢复；环保基础设施建设；重点遗产环境保护等
	旅游资源开发与管理	公共景观建设、区域开发规划编制、对自然和文化遗产的开发与管理等
	旅游交流合作与宣传	旅游目的地宣传与促销、旅游文化节、旅游产业博览会
	规范和标准制定	旅游行业规范、地方旅游管理条例等
	旅游教育培训	旅游行政管理干部专项培训、旅游企业从业者培训等
	旅游社会示范	促进旅游就业、旅游扶贫、旅游志愿者服务等

资料来源：笔者综合整理。

随着我国旅游产业的规模提升和结构变化，大众对旅游公共服务的需求总量也不断提升，对旅游公共服务需求的层次和结构也不断变化。因此，旅游公共服务体系的内容和结构也不断发生改变。

（三）按公共服务受益范围进行分类

按照公共服务受益范围来划分，旅游公共服务基本可分为全国性公共服务、区域性公共服务与地方性公共服务。全国性旅游公共服务的覆盖范围面向全国，这类公共服务一般由中央政府供给，如全国性旅游公共信息中心建设[①]，其受益对象是全国范围内的旅游者。区域性旅游公共服务覆盖范围则面向区域，这类公共服务一般由区域地方政府联合提供，例如区域性公共营销、区域性旅游合作等，其受益范围是区域内旅游者。地方性旅游公共服务覆盖范围则仅限于特定旅游目的地，这类公共服务一般由地方政府提供为主，例如地方旅游信息中心、地方旅游公共游憩设施等，其受益对象是本地旅游者和本地居民（见图 2 - 14）。

（四）按照公共服务存在的形态进行分类

旅游公共服务可以分为有形旅游公共服务和无形旅游公共服务。有形旅游公共服务为实物类，例如交通基础设施、公共游憩设施、网络信息平台、公共安全设施等。无形旅游公共服务为非实物类，包括政策法规类旅游公共服务，例如法规与政策制定、环境保护、旅游目的地营销等。以及信息类旅游公共服务，例如旅游信息咨询服务、旅游公共解说服务系统、旅游政务信息系统等（见图 2 - 15）。

---

① 荣浩、王纯阳：《论社会转型期我国旅游公共服务的内涵、特性与分类框架》，《商业经济研究》2015 年第 21 期。

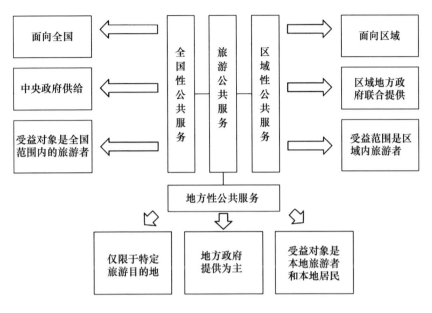

图 2 - 14　旅游公共服务受益范围分类

资料来源：笔者综合整理。

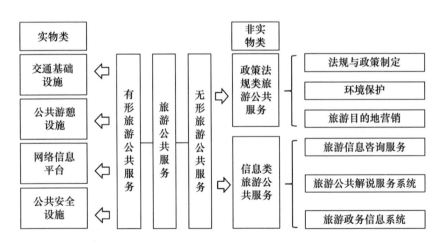

图 2 - 15　旅游公共服务存在形态分类

资料来源：笔者综合整理。

（五）按照公共服务提供的程度进行分类

旅游公共服务可分为基础性旅游公共服务和发展性旅游公共服务。基础性旅游公共服务是保障层次，指的是面向大众消费者，可以被普遍享受的旅游公共服务，例如旅游公共交通设施、旅游公共游憩设施等。发展性旅游公共服务是提高层次，指的是面向特殊旅游消费群体，为了满足其个性化、高层次、多样性旅游需求而提供的公共服务，例如旅游保险、旅游宣传教育等。

表2-4　　　　　　　　旅游公共服务的常见分类方法

提出	分类	具体内容	
李爽	属性特征	纯公共产品性质的旅游公共服务	休假制度、旅游政策法规、旅游公共安全、旅游消费环境优化、目的地道路与旅游设施系统等
		收费产品性质的旅游公共服务	旅游交通服务、旅游保险服务、旅游换乘服务等
		公共池塘资源类的旅游公共服务	城市绿地、旅游集散点游憩设施、多媒体旅游触屏信息服务等
	服务内容	旅游公共信息类服务	公共环境信息、旅游基本信息、旅游产品促销等相关信息服务；旅游公共标识系统等
		旅游要素保障类服务	旅游六要素服务环境营造，完善旅游交通设施，旅游投诉处理等
		旅游公共安全类服务	旅游交通安全、游乐设施安全、旅游饮食安全、旅游消防安全、汛期旅游安全等以及旅游公共安全应急预案等公共服务等等
	存在形态	实物性旅游公共服务	旅游公共服务设施；市政配套系统；特殊群体设施
		精神性旅游公共服务	旅游环境营造以及制度安排、法律法规、宏观经济、社会政策等制度类公共服务等
		信息性旅游公共服务	旅游出行信息、旅游交通信息、公共安全信息公告、天气预报等公共信息服务类

续表

提出	分类		具体内容
李爽	受益和影响范围需求类型	全国性旅游公共服务	国家旅游信息化、全国旅游假日办信息服务、全国性旅游政策法规等
		地方性旅游公共服务	地方性旅游公共设施的建设，如目的地营销系统，地方旅游管理条例等
		普遍性旅游公共服务	旅游公共安全保障服务、旅游基础设施、旅游公共信息平台、旅游生态建设与保护、旅游标识配套服务
		差异化旅游公共服务	旅游呼叫系统、旅游保险、旅游投诉处理服务等
世博课题	导向主体	政府系统	包括咨询、投诉处理、交通、信息化服务、救助、志愿者等服务
		市场系统	以市场化运作为主，含文化、商业、住宿餐饮、娱乐等
刘小军	需求层次	基础性旅游公共服务	旅游基础设施、旅游公共信息平台、旅游生态建设与保护、旅游公益事业
		市场性旅游公共服务	旅游公共资源开发与管理、旅游公共安全保障、旅游交流、合作与宣传、旅游消费促进及福利
		管理性旅游公共服务	市场准入审批及复核、年审；制定和推广国家级旅游服务规范和标准；行政处罚；协调相关的非政府组织开展合作等
厦门旅游公共规划	要素构成	旅游公共信息服务	旅游服务中心、旅游信息网络、旅游呼叫系统、城市旅游解说系统
		旅游公共保障设施	旅游交通服务、旅游饭店服务、旅游购物服务、旅游餐饮服务、旅游娱乐服务
		旅游公共安全服务	旅游安全信息网络、旅游质量监督体系、旅游突发事件应急救援预案等

提出	分类	具体内容	
旅游公共专项规划	服务内容	旅游信息咨询服务	详见表2-3
		旅游安全保障服务	
		旅游交通便捷服务	
		旅游惠民便民服务	
		旅游行政服务	

资料来源：笔者根据相关文献整理。

第三章　旅游公共服务变迁轨迹

第一节　我国旅游公共服务的制度变迁

一　制度变迁

新制度经济学理论强调，制度变迁作为制度更替的过程之一，它总是发生在业已存在的制度条件之下。客观环境、制度条件以及主体诉求等方面的因素共同构成了制度变迁的路径约束。制度变迁的成本—收益分析以及新制度安排所带来的预期收益决定了制度的供给和需求，而制度的供给和需求决定了制度变迁①。

二　路径依赖

路径依赖（Path-Dependence）是指存在于制度变迁之中的一种机制，它表现出报酬递增以及自我强化现象。只要制度步入某种路径，它就会以自我强化的模式朝既定方向发展②。由于规模经济、学习路径依赖效应、协调效应以及适应性预期等要

---

① 刘荣材等：《农村土地产权制度变迁模式选择的路径约束分析》，《农业经济》2007 年第 1 期；杨国华等：《发展模式变迁的路径依赖及其创新选择》，《生态经济》2006 年第 8 期。

② 邓大才：《农业制度变迁路径依赖的特征及创新选择》，《经济理论与经济管理》2001 年第 6 期。

素影响，无论是否具有效果，某种制度一旦成型，它就将会在某一特定时间内长期存在，并会对后续制度抉择产生影响，继而出现制度变迁中对路径的依赖。通过对状态进行分析，不管是有效率的，还是无效或低效的，路径依赖都是一种"锁定"；通过对过程进行分析，路径依赖受"小概率"甚至是"无关紧要"事件影响，是一种非普遍性事件。制度变迁受路径依赖约束力强，对社会、经济影响较大。

公共服务的发展与公众对公共需求的变化是密切相关的。社会生产力水平、旅游业所处的发展阶段、旅游者群体的总体需求和大众观念的成熟程度等因素共同决定了旅游公共服务的阶段重点和主要内容①。纵观我国经济体制改革过程，同样也是一种制度变迁的历程，尤其是改革开放以来，经济体制发展具有典型的路径依赖特点。在经济转轨和转型时期，旅游业作为敏感性产业，受宏观环境和制度变迁影响较大。21世纪以来，社会各界普遍关注旅游公共服务领域，旅游公共服务成为当下旅游业转型升级、提质增效的新兴领域和关键要素。

三　我国旅游公共服务的制度变迁

旅游公共服务制度在我国的发展具有明显的阶段性特征，与旅游经济发达的国家和地区对比，在宏观环境、体制机制、作用机理、变迁路径等方面具有显著差异。简而言之，旅游公共服务制度需要契合社会、政治、经济等外部环境，并与旅游业整体现状相适应。根据国内学者前期研究，我国旅游公共服务制度发展经历了三个阶段（见图3-1）：第一阶段（1949—

---

① 王佳欣：《中国旅游公共服务供给机制发展变迁研究》，《改革与战略》2017年第6期。

1978 年），为政府全面负责供给阶段。在我国改革开放之前，
旅游业被定位为外事接待和政治接待型事业①。为此，国家从旅
游、外事层面建立了统一的管理机制。这个阶段的部分客源是
非自费的国际旅游者，由国家成立的旅游接待事业单位，如中
国国际旅行社、厦门华侨服务社以及随后设立的中国旅行和游
览事业管理局等采取财政补贴方式来实现。此阶段旅游公共服
务政治色彩浓重，不强调旅游的经济和社会效益，更多地把旅
游作为一种政治外事接待工作。第二阶段（1978 年至 20 世纪
90 年代末期），为政府主导供给阶段。伴随着改革开放，我国
的政治、经济环境发生了巨大变化，旅游产业迅速兴起，尤其
是入境旅游市场发展迅猛，原有的旅游公共服务制度已无法满
足新的需求。1980 年，中国旅游协会宣布成立。1993 年，中国
国家旅游局正式成立，旅游行政管理职能开始独立出来。旅游
管理机制随着经济体制改革的深入而不断发生变迁，旅游管理
从此开始由行政管理转向市场管理，由对企业直接管理转向间
接管理和调节管理。国家提出了旅游业要"积极发展、量力而
行、稳步发展"的方针和"政企分开、统一领导、分级管理、
分散经营、统一对外"的原则。旅游业很快完成了从以外事接
待为宗旨向以经济创汇为导向的转型。1991 年，旅游业的产业
性质在我国《关于国民经济和社会发展十年规划和第八个五年
计划纲要》中首次得以正式明确②，不久之后，旅游业又被升级
列为三产的"重中之重"。政府主导供给阶段，尽管旅游公共服
务的中央集中控制有弱化倾向，但是，在这个阶段，旅游公共

---

① 张森林：《我国旅游高等教育的产生与发展》，《四川旅游学院学报》2017 年第
2 期。
② 王镜、马耀峰：《消费主义与我国旅游消费的异化》，《生态经济》2007 年第 2 期。

服务更多的还是习惯性沿用政府手段和行政力量直接进行干预，政府在旅游公共服务供给过程中所扮演的角色不过是从"主宰"变为"主导"而已。第三阶段（20世纪90年代末期至今），为初步市场供给阶段。20世纪90年代末以来，中国旅游业进入一个全新的发展阶段。这一阶段，我国改革开放和市场经济建设日益深化，国民经济水平和居民可自由支配收入提高，人们的旅游需求在数量上不断提升，在需求类型上更加多样。在供给层面，旅游产业整体素质有待进一步提高。同时，由于当下公众对建设服务型政府、构建社会公平和谐的呼声不断高涨，旅游公共服务体系作为公共领域改革的重点，理所当然地受到政府的重视并不断得以加强。这个阶段，中央政府的主导作用已经向地方政府主导逐步发生转变，在某些领域内突破了过去中央政府垄断旅游公共服务供给的局面，总体形成"以政府为主导，以市场为主体，社会共同参与"的供给体制，旅游公共服

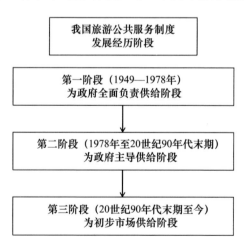

图 3-1　我国旅游公共服务制度发展经历阶段

资料来源：笔者综合整理。

务供给逐步向市场化过渡①。

从上文分析可以看出，旅游公共服务在我国的发展演化经历了若干个阶段，大致呈现从计划经济向市场经济体制转化的特征。目前，国家出台了一系列加强供给侧改革和服务型政府建设的政策措施，在此背景下，旅游公共服务制度改革具有良好宽松的外部环境，从供给层面进行制度改革具有强劲的内在驱动力和紧迫的现实性。

第二节　旅游公共服务发展的路径依赖

一　经济价值导向

旅游业作为一个综合性产业，具有经济效益、文化效益、社会效益等多重综合效益。在改革开放之后，由于国家各项经济建设具有明显的经济导向价值，旅游业的经济效益也被置于首位。例如，改革开放之初，旅游业的"创汇"价值成为旅游发展的主要动力。1997 年以及 2008 年，中央政府两次从国家层面提出"旅游扩大内需"政策，也是从国家层面突出旅游对经济的拉动作用。而地方政府所推崇的旅游发展政策，则从来都更具极其明显的经济色彩。由此可见，旅游的经济价值导向明显，而其他方面的效益，例如文化、社会、生态价值容易被弱化乃至忽视。在"经济建设为中心"这根指挥棒的指挥下，旅游业的旅游公共服务建设也更多关注经济价值，各地区的公共服务体系更主要的目的还在于吸引旅游者前来游览，着眼点还局限于为地方创收。因此，政府建设旅游公共服务体系的出发

---

① 叶全良等：《旅游公共服务供给制度变迁的路径依赖与创新选择》，《湖南社会科学》2012 年第 2 期。

点更多集中在"经济"维度，忽视了"公共"维度，经济利益占据主导，旅游服务体系的"公共性""共享性""公益性"被人为弱化（见图3-2）。

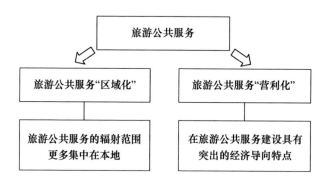

图3-2　旅游公共服务的区域化和营利化

资料来源：笔者设计。

（一）旅游公共服务"区域化"

"区域化"指旅游公共服务的辐射范围更多集中在本地。由于旅游公共服务建设与旅游开发的共同出发点都是服务和推动地方经济社会发展，再加上地方利益的驱动，导致地方政府在资源开发、基础设施、产品营销、信息建设、扶贫开发等方面的公共服务建设带有明显的地区性特点。也就是说，在以发展旅游带动区域经济增长的强烈主观意识主导下，地方政府仅注重投入建设区域的公共服务项目，地方旅游公共服务的受益范围仅限于区域内游客或少数本地居民，并未被社会大众所共享。这种状况的长期存在直接导致了旅游公共服务在需求和供给两方面的脱节与失衡。

（二）旅游公共服务"营利化"

从前文分析，可以看出各级政府在旅游公共服务建设方面具有突出的经济导向特点。由于过度强调其经济价值，在客观上促使政府更愿意建设那些更能吸引游客、经济创收明显，甚至是"短、平、快"的公共服务项目。而像旅游公共安全服务、旅游生态环境保护、非政府组织区域合作等难以直接或短期内产生经济效益的旅游公共服务项目，就很容易被忽视。更为严重的是，在经济利益的驱动下，诸如公园、纪念堂（馆）、博物馆、自然保护区、国家公园等具有公益性质的景区景点，其本身具有较强的公共游憩功能，却被各级政府打造成"收门票"的营利单位。政府在"门票经济"蛋糕的诱使下，将这些旅游设施开发成各种旅游经营性产品，作为区域经济发展的"开路先锋"，为地方创造经济收入。可以看出，在经济主导价值取向下，各级政府的旅游公共服务建设行为也具有明显的"营利性"色彩。

二　政府主导战略

旅游公共服务体制是政府公共管理体制的有机构成部分，它受制于政府形态与政府结构[①]。在旅游公共服务建设进程中，市场和政府两者之间的关系及制度安排扮演着关键性的作用。1980 年以前，旅游公共服务领域受"全能无限"政府的强大约束，数量极其有限的旅游公共服务供给基本交由政府管辖下的事业型单位实现。改革开放初期，在我国计划经济体制和政府主导型战略影响之下，旅游公共服务供给也基本由政府供给，例如成立的旅行社等公共资源，其主要的使命是推动入境旅游发展，满足入境游客需求。此时期的旅游公共服务建设依赖于

---

① 叶全良、荣浩：《旅游公共服务供给制度变迁的路径依赖与创新选择》，《湖南社会科学》2012 年第 2 期。

公共资源，为政府主导。事实上，政府主导战略的实施有其特殊的历史背景和环境，受限于不完善的市场经济体制，旅游公共服务缺少市场主体，由政府主导在当时也是一种必然选择，具有合理性。另一方面，由于计划经济体制自身也具有"集中力量办大事"的优势，通过政府主导的行政力量，可以快速集中劳动力、资本等生产要素，较好地协调与旅游相关的产业部门，因此，在当时的过渡时期可以较好地实现旅游公共服务建设，快速建立起供给体系，以满足当时游客的旅游公共服务需求。之后，与社会主义市场经济体制改革的进程相一致，市场上涌现出更多的公共服务供给主体，旅游公共服务供给规模不断扩大、主体更加多样、程度愈发成熟，在旅游公共服务供给方面，这些市场主体同样具备了发挥作用的能力。由此可见，要真正形成完善的旅游公共服务供给体系，必须将市场与政府两者的作用结合起来，保证市场的基础性地位和作用得到持续发挥。目前，传统的政府主导战略对旅游公共服务体系的建立和完善造成了以下障碍。

（一）旅游公共服务"供给过度"与"供给不足"并存

由于政府垄断，造成旅游公共服务供给没有竞争对手，同时由于监管的缺失，加上政府供给的旅游公共服务效益无法确切测量，地方政府官员为了个人政绩和权力扩大化，就会肆意妄为地利用公共资源进行建设，过度建设造成的直接后果就是偏离了旅游者的实际需要，造成了局部的旅游公共服务供给远远超出了实际市场需求。"成本—收益"原则在旅游公共服务建设的不适用性，更加剧了在某些具体项目和局部需求上旅游公共服务供给数量和供给成本过高，引起资源配置的不当和公共资源的浪费。与此同时，旅游公共服务的有效供给又是严重不足的。

（二）"设租寻租"行为的存在

"设租寻租"行为指政府在旅游公共服务建设过程中，受政府主导战略影响，一方面扮演着旅游公共服务的生产者，另一方面又扮演旅游公共服务的安排者，具有"运动员"和"裁判员"双重性身份。因此，政府在旅游公共服务供给过程中，极易进行"设租"和"寻租"行为。在旅游公共服务生产过程中，由个人、企业、集团进行政治游说或献金，以获取旅游公共服务建设的订单，或者取得有利于自身的政策和实惠。诸如此类的设租寻租行为，一方面造成了大量社会资源的挥霍，另一方面造成市场在资源配置中的地位缺失，严重抑制了市场的积极性，限制了市场的有效供给。

第三节　旅游公共服务创新的路径选择

发展路径对旅游公共服务制度变迁产生路径约束作用的深层次原因在于固有路径中的利益分配机制。鉴于路径依赖对旅游公共服务制度变迁有阻滞效应，需要针对相关因素和机制，主动创新旅游公共服务，突破原有路径依赖，实现新的有效的旅游公共服务供给①。

一　政府职能：有限政府主导

公共服务是现代政府的基本职能之一，向服务型政府转变是政府自我改造的主要目标和基本路径。旅游公共服务有效供给的前提条件是明确政府有效供给的范畴。基于政府失灵、市场失灵和旅游公共服务性质等因素约束下，从"全能

---

①　叶全良、荣浩：《旅游公共服务供给制度变迁的路径依赖与创新选择》，《湖南社会科学》2012 年第 2 期。

型政府"转向"有限型政府",实现"有限政府主导"模式的路径选择，其目的是构建政府和市场关系最优组合。在旅游公共服务供给层面，"有限型政府"指的是政府主要负责提供无差别均等化的旅游公共服务，并将具有市场化可能的旅游公共服务项目交付市场生产和运作，在供给侧实现政府和社会组织之间的竞争合作关系。

通过进一步分析，旅游公共服务建设中的"有限政府主导"模式作为一种制度创新，包括以下内容：第一，对政府职能进行重新界定，即在旅游公共服务供给过程中，政府应在制度安排中强化角色自律，理性地将政府角色定位为保护者、服务者和监督者。第二，对政府和市场关系进行协调，将相关职权由政府转移给市场，形成"政府协调、市场主动"的旅游公共服务供给秩序。第三，强化政府和非营利性组织的合作关系，通过发挥社会中介组织的成本优势、技术优势、竞争优势，政府以适当形式将部分职能剥离给非营利性组织，例如各种社会中介组织和行业协会，形成"政府协调、社会协助"的旅游公共服务供给秩序（见图3-3）。

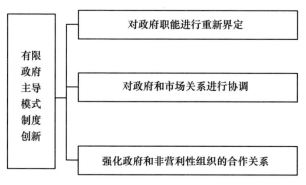

图3-3 有限政府主导模式制度创新

资料来源：笔者设计。

二 政策保障：产权制度和资金政策

在广义范畴，罗伯塔·埃斯顿（Robert Eyestone，1971）把公共政策定义为政府机构与其所处环境之间的相互关系。因为公共性这一旅游公共服务的典型特征，有效科学的公共政策有助于旅游公共服务的环境改进和制度优化。[①] 为了实现旅游公共服务的公平、共享、高效和社会价值，需要提供专门的制度政策和法律法规，以明确旅游公共服务的供给主体（政府、企业和社会组织）各自的作用范围、准则与工作方式，从而规范三者的复杂关系，实现旅游公共服务需求最大限度地得到满足（见图 3 - 4）。

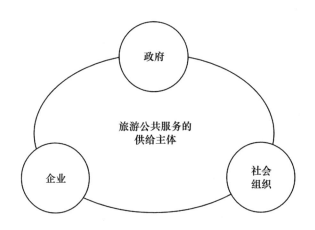

图 3 - 4 旅游公共服务的供给主体

资料来源：笔者设计。

在政策制度上进行创新，有助于对旅游公共服务的传统发展路径进行路径解锁，优化制度变迁环境，提升制度变迁动力，

---

① 王兆峰：《湖南旅游产业转型与结构升级优化研究》，《湖南科技大学学报》2011 年第 1 期。

在政策层面保障旅游公共服务的有效供给。① 旅游公共服务政策保障建设主要包括：第一，建立产权保护机制。在旅游公共服务中，明晰服务供给者的正当产权，以保障市场主体参与供给、分享利益的公平机制。有两个方面可以作为制度创新的突破方向，一是产权私有化，即政府将旅游公共服务所有权出售给市场主体，由市场主体进行独立运作。二是经营权私有化，即政府在拥有旅游公共服务所有权的前提下，将日常经营活动交由市场主体负责。第二，建立资金筹措机制。在旅游公共服务中，鼓励由市场主体和社会组织筹措建设资金，探索和创新金融工具，将社会上零散的私人资本、社会资本筹集用于旅游公共服务的供给。

作为旅游产业中的新兴领域和公共服务发展的关键领域，旅游公共服务发展历程中的制度变迁具有其历史性和必然性②。为了使当前和今后更加有效，必须提前应对旅游公共服务领域有效供给的问题。在当今时代背景下，旅游公共服务的供给主体、范围、内容、方式均面临转型，旅游公共服务建设已进入全新阶段。表现在：第一，基于其"共享性""多样性""非营利性"特征，不能从单一产业范围实现有效供给，其价值取向理应突破以往以经济价值为主导的局限，注重经济效率与社会公平的双重目标，实现旅游公共服务的经济、社会、环境等综合价值。第二，转变职能，改变单一的政府主导模式，实现旅游公共服务中政府供给与市场供给、社会组织供给的优化组合。第三，完善政策法规建设，将旅游公共服务纳入法制轨道，实

① 乔秋敏：《城乡一体化背景下我国农村旅游发展的困境与对策》，《湖南社会科学》2011 年第 4 期。
② 叶全良、荣浩：《旅游公共服务供给制度变迁的路径依赖与创新选择》，《湖南社会科学》2012 年第 2 期。

现旅游公共服务的政策保障，以满足其供给的有效性和持续性。

第四节　国内外旅游公共服务体系的建设经验

一　国外旅游公共服务体系建设的做法

国外许多发达地区在旅游公共服务体系建设方面具有先进经验，例如法国的巴黎、日本的东京等。这些城市经济体市场化程度较高，经济体制发育完善，具有较强的城市公共服务功能。在旅游业管理方面，主要依靠行业协会和社会组织进行行业自律，政府直接管理少，但社会各方都比较重视旅游公共服务体系建设。旅游公共服务体系不仅水平高、设施服务齐全、标准统一，并且为当地旅游业发展做出了巨大贡献。

（一）巴黎经验

巴黎从城市规划层面将旅游交通建设纳入整个城市交通建设范畴，以轨道交通为基本网络，游客能便捷地到达市区及远郊的旅游目的地。此外，巴黎交通部门还为游客推出了专门的旅游车——城市观光大巴，这些连接各景区景点和旅游购物点的敞篷大巴让游客以悠闲的方式游览巴黎，本身就构成了一道亮丽的城市风景线，同时还起到很好的城市宣传和旅游形象推广作用。针对散客出行的不同需求，巴黎推出了适合不同时段、不同地段的交通票，如日票、周票等，极大降低旅游者交通成本的同时大大增加了游客出行游览的概率。

巴黎以旅游非营利性组织——巴黎旅游和会议促进署为主导，构建了丰富的旅游信息环境，真正做到了让旅游信息"路人皆知"。巴黎的旅游信息服务主要包括巴黎旅游信息网和市区两级的游客中心。巴黎旅游信息网是巴黎信息环境的中枢，也是推广巴黎、吸引全世界游客到访的窗口，同时提供酒店等服务预订和信息咨询功能。"游客中心"则分布在城市各主要旅游区，是城市与散客旅游者最直接方便的交流互动空间，促进资源在信息层面的整合，实现旅游大市场的多方共赢。而景区等旅游目的地游客咨询中心则由各景区自行主办，主要提供该景区的专业信息和游客导览服务，扮演深度游览信息专家的角色。

（二）东京经验

东京作为现代化国际大都市和世界著名旅游城市，其旅游业的蓬勃发展，与"观光立国"战略之下自身健全的旅游公共服务体系有密切的联系。在东京市，负责提供旅游宣传和咨询服务的机构是东京都公共观光财团，它是东京都规模最大的旅游团体联盟，其运营的观光网站是东京都旅游的官方网站，准确发布齐全的旅游信息，游客可以在网站上轻松检索到所需的有关东京食、住、行、游、购、娱的全要素信息，提供的信息可靠、细致，更新及时、获取方便。同时，东京市区内还分布了150多个旅游信息咨询窗口，这些窗口的工作人员清一色都是义务导游员，游客可以从这里免费领取东京市内范围的旅游指南和交通图，还可以获取其他与旅游相关的信息。

东京的公共交通非常发达，还专门开通了具有散客集散和旅游专线功能的旅游巴士，为了吸引游客，优惠发行旅游＋交通套票，如"周游票""一日游票"等。东京的旅游安全保障体系十分健全，天气和自然灾害的预警信息可以具体到各个旅游景点的市町村，同时市町村也会及时将收集到的自然预警信息提供给游客，这些自然预警信息囊括了某地发生泥石流的概率、降雨量的多少、当地可以提供的防灾服务等信息、受灾时的各种交通、急救、附近医院等详尽的信息，以保证游客在紧急事件发生时的应急联络和救助。

二　国内旅游公共服务体系的建设经验

（一）北京经验

北京市是我国旅游公共服务建设较早的城市，作为国际知名旅游城市，其公共服务建设具有较大特色。通过整理和梳理其建设经验，主要包括以下内容：第一，旅游信息系统建设。例如，建立旅游信息汇总系统，对公共旅游信息和旅游企业服务信息进行汇总，建立统一档案。为了提高全市信息化水平，在全市 A 级景区内实现无线网覆盖。第二，旅游环境系统建设。例如，建立旅游项目开发环评制度，实现环境保护制度化。由政府主导建立旅游厕所，实现公共卫生服务有效供给。第三，旅游交通系统建设。除了传统方面的硬件设施，例如开通旅游观光巴士，建立旅游集散中心等之外，还包括在软件上的旅游交通系统建设，例如对城市公共旅游信息系统进行改造，设置完善的旅游标识标牌、导览系统等。第四，旅游服务系统建设，包括建立科学的投诉处理机制，建立旅游应急救援机制，实行诚信评价机制等。第五，旅游教育培训系统建设。为了增强旅游服务水平，在全市范围内建立定期培训制度和流动培训制度，还包括针对游客的旅游志愿者服务等。

（二）上海经验

上海市的旅游公共服务体系发展在很多方面走在全国前列。例如，旅游热线建设，开通"12301"和"962020"旅游热线呼叫中心，能够全天候 24 小时使用中英文提供咨询服务；智慧旅游建设，开发智慧旅游手机导游系统，能够使用中文、英文、日语等多国语言，并具有交互能力和互动体验功能；建立了突发事件监测报告网络体系、旅游紧急救援资金、网络和机构，形成节假日旅游预警与信息发布制度；逐步建立旅游公共交通网络，进一步完善交通导引、泊车、换乘、自驾等服务，完善高效、快捷的旅游集散中心；在旅游旺季适当延长公共交通、快递服务网点、博物馆、金融服务机构等的开放时间；公益性的宣传资讯进社区，开发旅游 APP 软件等新媒体及应用平台；在 100 个地铁站点建导览系统，开发线上线下的宣传资料；最具特色和领先水平的是上海市旅游标准化建设，作为全国第一批旅游标准化示范城市，成立了上海市旅游标准化技术委员会，并建立了旅游标准化专门网站，为旅游发展提供技术支撑。

上海咨询中心是全额拨款事业单位，在编 40 余人，下设 5 个分站，58 个咨询站点。上海咨询中心在投入运营两年后目前开始营利。站点的铺设以区县为主导，由区县旅游部门按标准拿地、出人、负责日常管理与运营。咨询中心对站点统一按照标准配置设备，贴补装修改造费用。

第四章 旅游公共服务体系的构成要素

第一节 旅游公共服务需求

一 旅游公共服务需求

需求是指未满足的需求，就公共服务而言，实际是指公共物品的短缺，即在供给方面无法满足实际需求。

需求与供给具有必然的逻辑关系，需求是供给存在的前提，供给是为了满足需求。同样的道理，旅游需求亦是旅游公共服务供给存在的基础。缺少了需求，旅游公共服务体系就没有了服务的对象。因此，旅游需求是旅游公共服务体系存在和发展的源动力，也是受益者和接受者。充分把握旅游者的需求意愿，是保证旅游公共服务合理供给的重要基础[①]。根据受益程度的不同，旅游公共服务的需求主体有狭义和广义之分[②]。狭义的需求主体主要包括外地游客和本地居民等直接受益者。广义还包括

---

① 李爽、甘巧林、刘望保：《旅游公共服务体系：一个理论框架的构建》，《北京第二外国语学院学报》2010 年第 5 期。

② 张萌、张宁、朱秀秀、陈蔚：《旅游公共服务：国际经济与启示》，《商业研究》2010 年第 3 期。

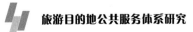

政府、旅游企业、非营利组织等间接受益者（见图4－1）。需要强调的是，潜在旅游者和现实的旅游者不仅指外来旅游者，还包括本地居民的出行需求，即旅游地本地居民可以享受与外地游客相同的公共服务。旅游企业也可视为一种需求主体，主要体现在对政府履行行政职能的需求，包括协助指导企业办理各项手续，帮助了解政府政策制度，规范企业经营行为，企业从业人员也需要政府为其提供保障服务。

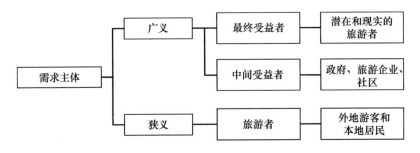

图4－1　旅游公共服务的需求主体

资料来源：笔者自主设计。

伴随着旅游业的发展历程，旅游经济规模、旅游消费水平、旅游消费结构、旅游市场构成也不断发生变化，与之相适应，旅游公共服务的需求也在不断发生改变。在全民旅游、休闲旅游时代，公民对旅游公共服务需求的数量、质量和层次都在逐渐提高。以旅游消费变化为例，旅游消费结构和形式的变化，引起旅游者对旅游公共服务的需求也发生改变。在以团队游为主向散客游为主转变的背景下，旅游者对信息咨询、安全服务、交通保障等公共需求逐渐增强。所以，旅游公共服务体系的建设也要不断调整供给内容，以精准满足游客的消费需求变化，同时兼顾本地居民。

在以团队游为主的旅游时代，参团成为游客的主要出行方式，游客的许多公共信息需求被旅行社等机构包办，不需要自主搜寻信息、安排行程。而现阶段，旅游者出行方式发生翻天覆的变化。根据统计数据，2011—2015 年，国内旅游者中散客占比维持在95%①左右（见表4-1），自驾游、散客游、背包游等一批新兴旅游方式正在成为市场的绝对主体。作为脱离旅行社的旅游者群体，他们对旅游公共服务的需求迅猛增长，包括旅游目的地公共交通、信息、安全、产品等的服务需求增加，是否健全的旅游公共信息服务也成为游客出行选择的重要决策依据。

表4-1　　　　　　　　　2003—2015 年中国旅游需求　　　　　　　单位:%

年度	出游率	旅游方式	
		参团	散客
2003	100. 5	10. 4	89. 6
2004	126. 6	14. 6	85. 4
2005	135. 1	13. 9	86. 1
2006	156. 7	20. 0	80. 0
2007	166. 3	21. 9	78. 1
2008	167. 4	12. 2	87. 8
2009	212. 5	13. 6	86. 4
2010	246. 0	17. 5	82. 5
2011	196. 0	5. 4	94. 6
2012	218. 4	3. 1	96. 9
2013	238. 8	4. 0	96. 0

---

① 中国旅游研究院、中国旅游协会:《中国旅游集团发展报告2015》，旅游教育出版社2016 年版，第9 页。

续表

年度	出游率	旅游方式	
		参团	散客
2014	264.0	3.6	96.4
2015	299.7	3.4	96.6

数据来源：笔者根据国家旅游局公布的数据整理设计。

二 旅游公共服务需求结构

根据马斯洛需求层次理论，人的需求共分为五种，并呈现为金字塔结构。只有当较低一级的需求得到满足后，更高一级的需求才会出现[①]。旅游作为一种较高层次的需求，它是在人们基本生活需求得到保障后，在充足的闲暇时间和可支配收入等要素驱动下产生。旅游需求本身也发生着变化，从低层次、简单化向高层次、复杂化转变，在散客为主的旅游时代，旅游者的需求具有较强的个性化特点，旅游需求种类更加多样，旅游需求质量日益提高。同时，与人们收入水平的不断提高相一致，旅游公共需求的结构也发生了较为深刻的变化，开始由消费型向发展型升级，过去不属于旅游必需的公共服务，如今正逐渐变成必需的公共服务。此外，随着消费水平的不断提升，旅游公共服务也成为一种必备的旅游需求。

三 旅游公共服务需求程度分析

旅游公共服务需求同样满足于需求层次理论。只有当较低一级的需要得到了满足之后才会追求更高层次的需要[②]。旅游者

[①] 李宁宁、张春光：《社会满意度及其结构要素》，《江苏社会科学》2001年第4期。

[②] 张慧：《马斯洛需要层次理论在大学生教育管理问题中的应用研究》，《亚太教育》2015年第23期。

对旅游公共服务的需求也大体遵循这一规律，即对保障旅游活动顺利进行的涉及安全规范、信息和旅游交通等的基础性旅游公共服务需求较高，只有当基础性旅游公共服务的需求得到了满足才会对发展性旅游公共服务产生需要。当然，正如马斯洛所阐述的那样，每一层级并不是必须严格执行并逐级跨越上升的。需要强调的是，旅游公共服务的需求还与旅游形式有关，一般来说，参团旅游对旅游公共服务的需求一般不会很高，因为旅游者所需的旅游公共服务都由旅行社提前设计、包办提供。而散客游或自驾游旅游者对旅游公共服务的需求一般较高，因为对于旅行中所需的食住行游购娱等都需要旅游者自主自助解决。

综合上述研究，根据我国旅游产业现实情况，结合查阅国家旅游局等政府部门发布的统计公报等相关信息，笔者详细分析了旅游公共服务的需求主体和不同主体的需求程度，具体内容见表4－2。可以看出，旅行社参团游客，无论是国内旅游还是出境旅游，对安全的需求最高，而散客旅游市场对交通、信息和便民设施等要求相对较高。

表4－2　　　　　　　　**游客对旅游公共服务的需求程度**

游客类型及旅游形式		旅游公共服务					
		旅行社/路线	交通便捷	公共信息	安全保障	便民设施	服务保障
国内游客	参团旅游	高	低	中	中	低	高
	自组团队游	低	高	高	高	中	高
	自驾游	低	中	高	高	高	高
	散客游	低	高	高	高	高	高

续表

游客类型及旅游形式		旅游公共服务					
		旅行社/路线	交通便捷	公共信息	安全保障	便民设施	服务保障
海外游客	参团旅游	高	低	高	中	中	高
	自助游	低	高	高	高	高	高

资料来源：笔者综合整理。

四 旅游者个人消费需求偏好

个人消费需求偏好，即消费者偏好，也称为"消费偏好"，或"消费行为偏好"。可以反映消费者对某种商品或商品组合的喜好程度。消费者可以根据意愿对可供消费的商品或商品组合进行排序，而该排序正好折射了消费者的个人兴趣和偏好[①]。

消费者偏好有四种基本类型：第一种类型，消费者的偏好不稳定又含糊，他们对自己的偏好不了解，因此容易受影响；第二种类型，消费者了解自己并没有稳定且明确的偏好，他们大多基于外观等方面的吸引力对供给进行评价，而并不在意供给是否真正切合自身并不牢固的消费偏好；第三种类型，消费者有比较稳定的偏好，这决定了他们的消费选择，可他们却并未能发现偏好对他们消费选择的影响，该类型消费者的数量往往最少。第四种类型，该类型的消费者既有明确的偏好，而且还足够了解自身的偏好，能准确地判断某种定制化的供给是否与他们的偏好真正一致。

由于消费者偏好往往是不稳定且不清晰的，并且他们一般不太了解自身的偏好。因此，旅游公共服务的需求数量与旅游

---

① 高鸿业：《西方经济学（微观部分）》第五版，中国人民大学出版社 2000 年版，第 104 页。

者的偏好程度呈正相关关系，即在其他条件不变的情况下，旅游者越偏好某种旅游公共服务，对该旅游公共服务的需求也就越大。

伴随着需求的持续变化，绝大多数游客越来越注重旅游服务的品质，旅游业信息化、散客化、品质化、个性化特征越来越突出，游客对于旅游公共服务的需求数量和水平也愈发强烈。受游客个人偏好的影响，在现实的旅游活动中，部分游客对于旅游公共服务的需求有一定的超前性或超额性。对于这类需求，很难靠单一政府供给模式来满足需求。由于政府提供的多是基础性的最基本公共服务，这也为社会组织和企业参与提供个性化、更高层次、更趋多元的公共服务提供了现实可能。总而言之，旅游公共服务需求的复杂性、综合性、多样性决定了供给主体的多样化和动态化。

第二节　旅游公共服务供给

一　旅游公共服务供给

"供给"的概念包含了生产者提供的商品以及影响商品的价格、成本的因素间的关系。既可以是指某一商品或者劳务的供给，还可以指全社会所有商品与劳务的供给①。可以理解为，供给的概念包含了一系列围绕商品或劳务供给而形成的供给者与消费者以及不同供给者之间、不同消费者之间的种种关系的总和②。由此引申，本书认为，旅游公共服务供给是一个由政府或

---

① 梁小民：《经济学大辞典》，团结出版社1994年版，第424页。
② 李爽：《旅游公共服务有效供给的效率本质与实现研究》，《广东科技》2010年第10期。

其他相关部门通过某种机制或体制将旅游公共服务产品提供至受众群体，并借此满足其需求的动态过程，是构成旅游公共服务体系的核心因素。

二 旅游公共服务供给主体

随着旅游消费需求结构变化和旅游公共服务需求偏好多样化，政府单方供给的传统旅游公共服务提供模式难以满足游客需求，这就促进了旅游公共服务的供给主体多元化发展和动态化演进。根据奥斯特罗姆（Ostrom）对公共服务主体的分析，旅游公共服务的主体由不同领域和层级的机构中从事旅游公共服务的人员及机构组成，具体包括政府（如：旅游行政管理部门）、市场（如相关旅游企业）及社会组织（公共事业机构、旅游行业协会等非营利组织），甚至是个人等[1]（见图4-2）。

政府以强制手段进行公共利益制度安排的目的是通过公共资源的合理配置实现公共利益与社会福利最大化。作为政府，重点关注具有整体性和普遍性特征的服务，保证所有人都能接受旅游公共服务的价格并满意服务质量。对于具有较高公共性特征的服务项目，例如旅游环境保护、重大旅游公共基础设施建设、旅游法律法规建设等以及非政府力量不愿意或没有能力提供的旅游公共服务，一般由政府来提供。而且，基于信息、激励和交易成本等方面的差异，各级政府在提供旅游公共服务的过程中处于不同的地位并发挥不同程度的作用，中央政府与地方政府在旅游公共服务供给上侧重点也会不同。在宏观层面，由中央政府进行旅游公共服务的顶层设计；在中观和微观层面，

---

[1] 李爽：《旅游公共服务体系建构》，经济管理出版社2013年版，第24页。

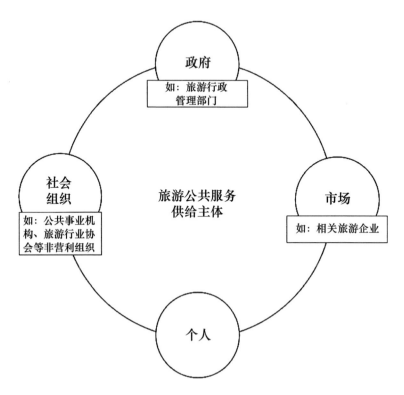

图 4 - 2 旅游公共服务供给主体构成

资料来源：笔者设计。

由地方政府负责供给旅游公共服务，并且市场化特征在地方政府供给上会表现得更加突出。

企业（市场）是以营利为主要目的的经济组织，是以自愿方式，通过资源的有效配置，达到组织利益最大化目标的一种制度设计。旅游者的个体需求是有差异的。企业供给服务则是对旅游者市场细分的积极回应，是对差异化、个性化旅游需求的满足。旅游公共服务的市场化即是让部分游客通过付费购买，实现满足个性化和较高层次需求的满足，以享受更舒适和优质的旅游公共服务。

社会组织（第三方组织）是指除政府机构和企业组织以外的相关社会组织。从主体形态来看，包括教育机构、文艺机构、环保机构、慈善基金会、志愿者团体等。这类组织往往具有不以营利为目的，以自愿、半自愿或半强制等方式满足公共利益等特点。非营利性社会组织对旅游公共服务的延伸和补充作用可以有效地弥补政府和市场在旅游公共服务供给的不足。

旅游公共服务的个人供给则更多地体现了社会公民强烈的主体意识和参与精神，彰显了社会责任感的回归，激发了公众的参与意识，是公民自治的具体表现形式。其性质与第三方社会组织相类似，不同之处在于缺乏明确的组织形式，属于公民非制度化参与的个体行为，自主适应性较强，往往属于补缺型旅游公共服务类型。

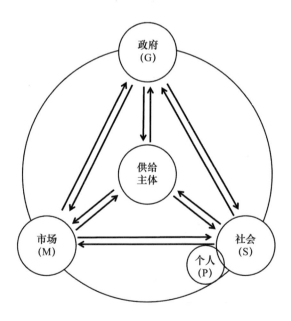

图 4 - 3　旅游公共服务供给主体

资料来源：笔者整理。

第三节　旅游公共服务保障

旅游业的敏感性特征决定了旅游公共服务需求的复杂性，因此旅游公共服务保障具有重要意义。本书拟从创新机制、激励机制、保障机制、风险控制四个层面以及产业、政策、组织和人才等方面研究如何构建旅游公共服务保障体系。

经历了事业管理、企业经营、行业监管和产业促进四个发展阶段后，我国旅游行政职能正从"管理型政府"向"服务型政府"转变，旅游公共服务保障体系建设更显重要和迫切。然而在现实产业实践中，旅游公共服务保障体系十分薄弱，在标准化管理、体制机制改革、公共信息服务、市场营销、法规法律建设等方面还存在诸多不足。因此，需要从以下方面加强旅游公共服务保障建设，推进旅游可持续发展。

一　旅游法律法规建设

旅游公共服务层面的法律法规建设应在《旅游法》之下，立足于旅游公共服务建设的资金投入、责任主体等方面的明确和规制。地方旅游法规立法应当立足区域旅游产业发展实际，通过法律法规建设带动区域旅游业。改变传统的"为管理而立法"的思想，在弱化立法管理职能的同时强化法律的意识形态约束，并且通过法律法规对旅游主体之间的横向关系进行整合协调。

二　旅游行政体制改革

（一）推动从行业管理向综合管理职能转变

探索旅游管理体制创新，构建旅游产业综合协调机制，实现从旅游部门向综合部门管理转变，着力构建大旅游格局。

（二）推动从监管为主向服务为主转变

转变政府职能，构建"政府监管、市场主体"的制度和机制，保证政府不过多干预，交由市场调配资源实现旅游公共服务供给。同时，政府要加强改革，多做减法，减少行政审批，规范流程，促进服务型旅游职能部门的建立。

（三）推进旅游管理职能的"去行政化"

进一步发挥行业协会作用，将由政府承担的事务型工作、评定认可等交付行业协会和社会组织。积极推进行业协会改革，有效发挥其在企业和政府之间的纽带作用，进一步提高行业话语权。

（四）探索体制机制改革

探索旅游业发展综合改革机制，在政策制度、发展模式、新业态发展等方面实现突破，例如探索旅游景区管理权和经营权分离机制。通过各项体制机制的改革，促进旅游业持续健康发展。

三　旅游公共政策支持

（一）转变政府主导旅游方向

进一步强化政府的旅游公共服务，这既是政府主导型战略的目标指向，也是服务型政府建设的重要内容。在转变过程中，旅游行政部门应更多强调旅游业的社会属性，弱化旅游业的经济属性，充分发挥旅游业在社会发展中的综合功能，以此作为旅游公共服务供给的最终目标[1]。例如，加大公共财政对旅游公

---

[1]　梅雪、詹丽、阚如良：《论政府主导与旅游公共服务》，《管理世界》2012 年第 4 期。

共服务的投入，并优先投向旅游公共服务相对薄弱的环节，包括对旅游公共资源的开发与保护实施公共管理，加强交通、环境、安全、信息等基础设施建设，有重点地专项投入资金，驱动提高旅游公共服务体系的配套完整性，加大对旅游目的地形象宣传和城市间旅游合作交流。

（二）加大对旅游企业的财税支持和奖励政策

对与旅游公共服务相关的项目建设，例如公共交通、旅游地营销、公共安全、信息咨询等项目给予一定的政策优惠和资金扶持。对于参与该类旅游项目建设和运营的企业主体，政府要及时制定好计划和措施，保障企业的积极性，具体包括税收、费用减免、政策鼓励等。

第四节 旅游公共服务的评价

一 旅游公共服务评价范畴

旅游公共服务评价是一种综合评价，其范畴包括旅游信息、旅游要素保障、旅游公共安全及各项行业服务，主要由各项大类指标和子指标组成。

旅游公共服务水平是过去和当前一个阶段限制各地方旅游业发展的突出瓶颈，严重制约了各地旅游业的发展速度和发展质量。旅游公共服务的满意度，很大意义上折损了旅游者对旅游目的地的体验效果和满意程度。因此，科学构建旅游公共服务的评价指标体系，并进行相应的评价评估，对于各地发展旅游业具有重要的实际意义[①]。

---

① 王永桂：《旅游公共服务水平评价研究——基于模糊综合评价方法分析》，《内蒙古农业大学学报》2011 年第 5 期。

对旅游目的地的旅游公共服务进行有效测评，可以直接了解目的地旅游公共服务体系的水平，了解游客和本地居民对该体系的满意程度。因此，建立科学合理的评价指标体系，对旅游公共服务水平进行综合评价，寻找自身优势和不足，以实现针对性优化。在找准问题后，有效地根据实际需求进一步改进，能够不断提高当地公共服务水平，使得旅游目的地吸引力和综合竞争力得到提高，带动当地旅游事业可持续发展。

旅游公共服务将公众视为顾客，公众导向是公共服务供给最为重要的原则之一。因此，虽然旅游公共服务的评价主体和评价方式较为多元，但是旅游者作为旅游公共服务的核心受益者，旅游者的评价就显得必不可缺。在评价旅游公共服务时，主要依赖旅游者（包括本地居民）对所享受旅游公共服务的性能、效能和结果的感知与代价的比较[①]。作为旅游者考虑更多的则是得到了哪些旅游公共服务、效用如何以及代价多大。基于此，根据"顾客价值维度划分理论"，从游客角度可以将评价旅游公共服务的要素分解为感知价值和感知代价两大类型，并分别以此为视角展开评价。

二　旅游公共服务的综合评价

对旅游公共服务进行综合评价，其满意度的高低不仅取决于公共服务项目的数量，还更多地体现在公共服务的层次性、服务体系的完整性、公共服务获取的便利性、公共服务实现的便捷性、公共服务供给的安全性和效率、服务优劣程度和环境状况。高水平的旅游公共服务体系的形成必须依托较高的经济

---

① 张钢等：《地方政府公共服务质量评价体系及其应用》，《浙江大学学报》2008 年第 6 期。

发展水平，政府对旅游业发展极为重视，旅游公共服务投入程度高、满意度高，公共服务效能良好。

同时，对旅游公共服务体系进行评价，社会效益、文化效益、环境效益应该与经济效益同时并存，其评价指标构建要综合运用经济、社会、环境指标。也就是说，不仅要满足旅游者个体需求的顺利实现，也要有效调节旅游领域社会问题和冲突，保障旅游资源环境，实现旅游发展的可持续性，促进旅游业的整体和谐发展①。

---

① 荣浩、王纯阳：《论社会转型期我国旅游公共服务的内涵、特性与分类框架》，《商业经济研究》2015 年第 21 期。

第五章　旅游公共服务需求体系

第一节　旅游公共服务需求的复杂性

由于社会经济的迅猛变化，复杂性已经成为公共服务需求的一个基本特征。随着旅游公共服务需求趋向复杂性，旅游公共服务体系也必须是一个复杂性的适应系统，才有可能与旅游公共服务需求保持平衡。从某种意义上讲，旅游公共服务本身就是一个复杂适应系统（Complex Adaptive System，CAS）。因此，复杂性理论应该被运用到旅游公共服务的研究中来并且成为该领域研究的基本理论和重要方法之一。

一　复杂性理论的基本内涵

复杂性理论兴起于 20 世纪 80 年代的复杂性科学。复杂性理论的产生与 20 世纪 70 年代兴起的被称为继相对论和量子力学之后的第三次自然科学革命的混沌理论密切相关。复杂性理论也研究混沌边缘的复杂性，两种理论是一脉相承的。率先把复杂性理论集中地运用到公共管理领域中进行研究的是道格拉斯·基尔，他在《政府管理中的无序和复杂性》中提出，非线性力学和混沌理论可以为管理者了解各种变化提供一种新方法和观察组织的新视野，从而为政府管理过程中的学习和行动提供理论指导①。

复杂性理论对旅游公共服务的理论贡献主要有三个方面：一是复杂适应性系统的组织观。在任何时间、地点都应该把组织系统看成是一个复杂的适应性系统。二是软渗透的组织结构。组织和人们之间的软边界导致"彼此联系在一起"。三是组织及其要素之间存在相互作用和相互反馈。相互作用和相互反馈是决定组织变革的速度和方向的重要因素②。根据复杂性理论的复杂性系统组织观，旅游公共服务毫无疑问是一个复杂性系统，因此，只有复杂性的旅游公共服务组织结构才能适应复杂性的旅游公共服务需求的变化。尤其是公共服务组织之间形成的渗透结构或软边界对于适应复杂性旅游公共服务需求具有重要的理论和实践意义。

二　旅游公共服务需求复杂性的基本特征

复杂性是当代公共服务需求的一个典型特征。旅游公共服务需求复杂性是指公众对旅游公共服务需求的规模总量、差异性数量和交差性内容的综合表现，其具有渐增性、多样性和交叉性三个基本特征。

（一）旅游公共服务需求的渐增性

旅游公共服务需求的渐增性是衡量旅游公共服务需求规模总量的基本变量，它是指旅游公共服务需求的总量在特定阶段

---

① 左林江：《公共行政中的混沌与复杂性理论》，《西南科技大学学报》2006 年第 4 期。

② ［英］菲利普·海恩斯：《公共服务管理的复杂性》，孙键译，清华大学出版社 2008 年版，第 24 页。

内不断增加的特性，表现为一个持续增加的动态过程。旅游公共服务需求是随着人们生活水平的提高而不断提高和变化的，它的变化规律与马斯洛需求层次理论是一致的。在生产力不发达状态，人均国民收入水平不高的情况下，人们的需求也不多，主要集中在个人的衣食住行等基本的生理和安全需要，而对基础设施和公共产品等公共服务的需求要求不高，没有集体层面的挑剔性和个人的偏好。这时政府采用供给导向，基本上能够满足人们的公共服务需求。但随着生产力的发展，尤其是当人均国民生产总值处于中等及以上水平时，人们的基本需求已经得到了较大程度的满足，便开始向更好的需求发展，开始追求社会交往和自我实现这些更高层次的需求满足。这个阶段人们就会对旅游公共服务提出更高的要求，旅游公共服务需求总量也相应急剧增加。

（二）旅游公共服务需求的多样性

旅游公共服务需求的多样性是指旅游公共服务需求的个性化内容与表现形式多样化。旅游公共服务需求在呈现渐增性的同时，也明显表现出多样性特征，二者往往以正相关的方式增加。

（三）旅游公共服务需求的交叉性

旅游公共服务需求的交叉性是指某一公共服务需求在内容上具有交叠、交互、模糊等交叉特征，它需要多个公共服务组织或机构协调工作，才能够有效地满足其需求。公共服务需求的交叉性也被称为"邪恶问题"（Wicked problems）。"邪恶问题"是现代社会发展及社会问题复杂化的产物。"邪恶问题"是指那些需要跨部门边界解决的问题，处理邪恶问题需要整体思维、系统观念而不是线性思维。"邪恶问题"的特征可以归纳为：难以明确地界定；相互依赖与交互成因；有目的的测量将可能导致不可预见的后果；可能是不稳定和持续发展的；不存在明确或正确的解决方案；是社会复杂性的产物，与诸多利益相关者相联系；跨越多种机构并进行延伸的责任；解决方案可能需要公民和利益相关者群体行为的转变。全球化背景下，"邪恶问题"已成为旅游公共服务需求的重要内容，如预防犯罪、污染治理、反恐斗争、气候变暖、环境保护等公共安全内容，都明显具有"邪恶问题"的性质。

三 旅游公共服务需求复杂性的主要成因

旅游公共服务需求复杂性是旅游经济发展的产物，是生产与消费模式、劳动力构成、信息技术、环境和社会问题、科技等多种因素综合作用的结果（见图5－1）。

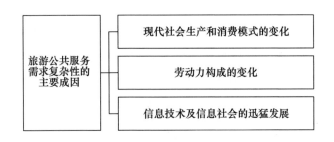

图5-1 旅游公共服务需求复杂性的主要成因

资料来源：笔者设计。

（一）现代社会生产和消费模式的变化

随着人类从工业社会向后工业社会过渡，现代社会生产和消费模式发生了显著的变化。过去标准化的、程式化的、稳固化的生产方式和等级式的组织结构形式已经远远不能适应现代公共服务发展的需要，一方面，那些标准化、模式化、非弹性化的生产过程，通过大众市场推广同一的、数量叠加的产品消费，进行公共服务产品供给的同质化，已经越来越不能满足公众差异化的公共服务需求结构；另一方面，集权化控制体系所构成的公共服务组织结构，已很难应对公共服务环境的变化，也就难以获取持续的、长期的发展能力。

（二）劳动力构成的变化

人口构成的变化，尤其是劳动力构成的变化对公共服务需求具有重要的影响。当前，我国处于快速老龄化阶段，已经步入老龄化社会，2012 年，全国 60 岁及以上人口占比高达14.3%，社会保障压力十分严峻，人口结构发生了显著变化，劳动力构成也日趋复杂化，就业压力居高不下。其中，劳动力性别比例的变化，以及老龄人口比例的显著增加更是加剧了劳动力构成的复杂性，既给公共服务的供给造成困难，同时也增加了公共服务需求把握的难度。可见，劳动力的构成已经对公共服务组织结构和管理方式提出了更高要求和更大挑战。

（三）信息技术及信息社会的迅猛发展

信息技术对社会的每一个领域都产生了巨大的影响，对人类的生产和管理范式也产生着深刻的影响，毫无例外，它在公共服务及公共行政领域同样地带来了深刻变化，其中一个重要的表现就是进一步加剧了公共服务需求的复杂性，对公共服务的组织结构、管理方式，以及公共服务主体的心理和行为都产生了重大影响。其中，一个显而易见的事实是，世界上大多数国家都面临一个同样的难题就是如何在减少公共预算的同时有效地改善公共服务供给的质量，即改善公共服务的同时有效降低服务成本。

有学者勾画出未来公共服务供给的预期场景，主要包括六个方面①：（1）自动服务（Auto-service），即由客户自己的计算机系统提出服务要求，供给系统以最低限度的干预予以回应。（2）自我服务/电子化的（Self-Service, electronic），由个人、公司或公共服务雇员使用台式计算机工作站获取信息，进而进行交易、订单付费，同时，尽可能地减少文书工作和审批程序。（3）自我服务/无预定散客。（Self-Service, walk-in）。内部和外部的客户端通过访问步行商业中心寻求信息、货物和服务，而商业中心的雇员通过计算机化的服务快捷、有效地回应。（4）现场支持的服务（Service with On-site Support）。由中介群体或机构提供多种服务，以最大化地发挥信息技术的优势，减少复本和文书工作。（5）专家服务中心（Specialist/Expert Service Centre）。通过使用计算机连接技术和内外部的客户端直接快速地访问政府中的专家，减少重复服务和改善需求的回应性。（6）供应商接口（Supplier Interface）供应商和消费者与政府的订单和付款系统直接连接起来，成为这些系统的延伸部分。

　　由此，我们可以预见在信息技术的预期场景中，公共服务的需求将变得更加复杂化，因为信息技术成为政府及政府部门与公众的沟通互动技术性条件，从而使沟通变得更加便捷。但是，信息技术对于公共服务需求来说是一把"双刃剑"，它一方面使公共服务需求的信息便捷化，另一方面也会产生公共服务需求信息超载和产生信息质量危机，给公共服务机构提出更高的要求。

　　旅游公共服务需求复杂性的成因，还包括环境和社会问题

---

① NadaKorac-kakabadse, *Towards Electronic Service Delivery：Canadian，Australian and United Kingdom Government Initiatives，Public Sector Reform：An International perspective*，New York：Palgrave，2011，pp. 167－182.

的急剧变化以及科技促使公共服务需求的品质提升等，前者主要指旅游活动带来的环境影响和文化、利益冲突等问题使公共服务需求变得更具有交叉性。

第二节 旅游公共服务的"碎片化"

一 机构裂化

首先从机构裂化说起。机构裂化是新公共管理组织机构反功能的一种基本表现形式。马丁·米诺格等学者研究发现，不仅在发达国家存在机构裂化问题，而且在诸多发展中国家也同样存在管理分权、"机构化"和"公司化"的问题。[①] 他们指出，新西兰除了创立国有企业单位之外，还将它剩余的政府部门分割成为更小的、更专业化的机构。公共部门的组织（机构）裂化可能导致战略一致性的丧失。[②] 1990 年，新西兰新当选的总理尽管在许多方面都认可前任政府的管理改革，唯独表达了对公共服务中公共部门被分割成"小岛"（little island）现象的忧虑。

二 权力碎片化

机构裂化发展到一定程度的产物就是权力碎片化（fragmented）。从宏观上看，权力碎片化是指国家已不是整个社会的中心，公共权力被来自国内和国际的、国家和非国家的参与者所分化，中央政府的完整治权被中央政府下属各个部门所截留和分化。从微观上看，权力碎片化是指政治权力在多个地方政府

---

① 马丁·米诺格等：《超越新公共管理（上）》，《北京行政学院学报》2002 年第 5 期。
② 马丁·米诺格等：《超越新公共管理（下）》，《北京行政学院学报》2002 年第 6 期。

之间的分割，及其所产生的地方政府体制的分裂状况，即所谓的"巴尔干化"（Balkanization）的软割据。权力碎片化的具体内容是指"地方政府不仅在数量特征上表现为大量的碎片，而且这些政府在地域和功能上彼此交叉重叠"①。它是政府职能在划分上同政府管辖权限与界限的增殖而产生的复杂状况。权力碎片化实质上是一个国家权力逐步分解的过程，权力逐步分解就形成了"政府空心化"或"职能悬浮"，国家就成为"中空的国家"或"虚弱的国家"，政府处理综合性、交叉性等复杂性问题的能力就会逐步下降②。

三 旅游公共服务的碎片化

目前，旅游公共服务体系的碎片化问题首先表现在旅游公共服务部门割裂和城乡基本旅游公共服务非均等化（差距悬殊）。其次，旅游公共服务体系的碎片化不仅存在于城乡分割的地理空间，而且东中西部不同地区的旅游公共服务也有较大悬殊，具有明显的地域分裂性。又次，旅游公共服务体系的碎片化体现在"在公共服务中缺乏协同"③，我们暂且名之为"体制性碎片化"。现行旅游公共服务体系是"自上而下"的等级体系，除了先天的功能性碎片化——政府供给与大众需求之间存在"鸿沟"之外，各级政府之间存在隶属和领导与被领导关系，与此同时，地方行政系统又负责某一区域全部的旅游公共服务，

---

① Harrigan, J. J., Vogel, R. K., *Political Change in the Metropolis*, New York：LONG-MAN, 2000, p. 11.

② 曾维和：《新公共管理的组织结构限度及超越》，《中国地质大学学报》2009 年第6 期。

③ 罗思东：《美国地方政府体制的碎片化评析》，《经济与社会体制比较》2005 年第4 期。

实行"省管市""市管县""条块分割"和"各自为政",使旅游公共服务纵向政策系统矛盾冲突严重。

第三节 旅游公共"服务三角"模型

美国著名管理学家卡尔·阿尔布瑞契特（Karl Albrecht）和让·詹姆克（Ron Zemke）在延续西方系统管理研究的基础上，结合信息科技和全球化带来的变化，重新审视传统企业的经营管理，认为公司和顾客紧密结合于一个"三角关系"之中。这个"服务金三角"代表了服务战略、公司系统和工作人员三大子系统（见图5 – 2）①。"服务三角"模型三者相互影响，以顾客为中心进行创造，它表示的是一个系统过程而非管理架构，并将顾客需求和利益放在交易的中心位置。

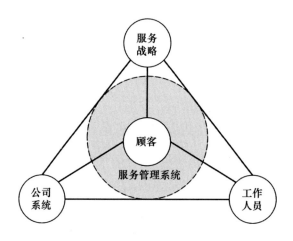

图5 – 2 "服务三角"模型

资料来源：《服务经济——让顾客价值回到企业舞台中心》。

---

① ［美］卡尔·阿尔布瑞契特、让·詹姆克：《服务经济——让顾客价值回到企业舞台中心》，唐果译，中国社会科学出版社2004年版，第54页。

卡尔·阿尔布瑞契特和让·詹姆克的"服务三角"模型在分析旅游公共服务体系问题上具有明显的契合性和理论优势，可以为我们探讨旅游公共服务话题特别是旅游公共服务需求提供借鉴和参考。

一　公民价值的回归

由生产者社会向顾客社会转变——让公民价值回到政府舞台中心。在过去长达两个世纪的时间里，管理机构的运转与生产者导向的社会所要求的集权、划分明显的组织体系相适应。在生产者社会，组织只管生产，从不考虑公众的需求。然而，20世纪60年代以后，官僚制的诸多优点在它越来越明显的分工僵化、层级过细、非人格化、各自为政、本位主义、低效率、忽视顾客价值等弊端和限制面前黯然失色。"服务三角"模型的理论核心以植根于顾客思考流程中的基本利益为前提，适应政府公共服务理念嬗变，这与政府提供均等化基本公共服务的初衷如出一辙。

二　"金三角"关系

旅游公共服务体系构建的逻辑和管理过程也隐含着微妙的"金三角关系"。从旅游公共服务体系的构建层面看，对整体的系统观点避而不谈显然是行不通的。体现当前旅游公共服务需求的复杂性、个性化、多样化诉求的体制和机制离不开旅游公共服务政策系统、服务平台系统和人力资源系统之间的相互关联。同样，政府在提供旅游公共服务的过程中，整合内外部资源合作供给时，势必要调整公共服务战略、服务系统平台及公共服务人员的关系。无论从横向还是纵向剖析旅游公共服务体系，都是围绕"服务三角"模型中的基本要素而运转的，这种新的分析框架具有系统整合性。

三　放射与内敛

放射与内敛："服务三角"模型不仅在重构旅游公共服务体系的运行机制上具有系统整合的优势，而且该框架具有可延展性和向心性，能向外圈不断推延，并辐射到旅游公共服务的微观领域，有助于始终围绕旅游者需求的导向，针对旅游公共服务体系中的各子系统开展细化研究。

第四节　旅游公共服务需求表达机制

一　需求表达机制

旅游公共服务需求表达机制是指旅游者对公共服务真实的需要通过哪些具体的路径反映出来，也就是经典公共服务理论中的"偏好"表露问题。

长期以来，旅游公共服务存在重供给提供轻需求表达的倾向，对真实需求视而不见或充耳不闻，对需求主体、表达渠道、需求内容等无从把握或把握不准，导致公共服务供需错位和有效需求的供给不足。依据"谁之需求、如何表达、哪些需求与何以满足"的发展逻辑，公共服务的需求表达机制包括主体筛选机制、需求整合机制、需求识别机制与需求吸纳机制。① 为了实现旅游公共服务的精准化、适配性和有效化，需要将自上而下的旅游公共服务决策与自下而上的旅游公共需求表达吻合起

---

① 陈水生：《城市公共服务需求表达机制研究：一个分析框架》，《复旦公共行政评论》2014年第2期。

来，实现供给决策与需求表达的无缝对接与融合。

本书认为，需求表达是旅游公共服务研究的逻辑起点，旅游者对公共服务真实的需求及其属性是选择旅游公共服务供给主体和供给方式的决定性因素。旅游公共需求表达机制应该建立在社会主义民主的基础上，从民众出发，自下而上地表达旅游者真实的需求。在赋予旅游者合法的话语权的基础上，让旅游者通过满意度评价等直接或间接的渠道来表达对希望获取的服务、利益，以及所愿意支付费用等方面的想法和意见。与此同时，通畅的需求表达机制也应该允许社会组织表达自己的利益诉求。通过需求表达机制，政府将旅游者个人的需求偏好进行总结归纳形成集体的公共偏好。通过充分了解来自不同集体对公共服务和自身利益的诉求，政府在决策中加以综合和协调，最终形成能够使一定范围内大多数群体的需求得到满足的旅游公共政策。

二　需求层次结构模型

马斯洛需要层次理论认为，动机是人的个体成长和发展的内在力量，而动机由多种不同性质的需要所组成，各类需要又有先后顺序与高低层次之分[1]。人的需求按照发生的顺序，由低到高呈阶梯状可划分为五个层次：生理需要、安全需要、归属与爱的需要、尊重的需要和自我实现的需要。事实上，人的需求并不总是机械地由低级向高级递进，需求也有层次的区分，也有结构性特点，并且它不是固定不变的（见图 5 - 3）。

可见，旅游公共服务的提供，需要充分关注旅游者向更高

---

① 马新书：《满足心理需要培养健康心理》，《教学与管理》（中学版）2012 年第 9 期。

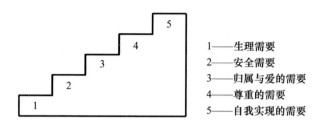

图 5 - 3　马斯洛需求层次

资料来源：笔者根据《马斯洛人本哲学》整理。

层次、更为多样的需求追寻的愿望和动机，考量旅游公共需求内容的变化和结构的复杂性，并按照旅游公共需求的强弱变化调整旅游公共服务的策略、内容及方式。

　　蒂布特偏好表达模型是关于"用脚投票"的经典描述。1956 年，经济学家蒂布特（Charles. M. Tiebout）在其著作《地方支出纯粹理论》中提出了地方政府供给公共服务的最佳方式和公众需求的显示机制。公共选择是把公民个人的需求偏好转化为决定公共服务供给的社会决策。在一定程度上，公共服务能否有效供给取决于公民对该公共服务偏好的表达。因此，为了充分尊重大众在旅游公共服务中的消费话语权，需要进一步理顺需求表达机制，建立旅游公共服务需求调查制度，完善旅游公共服务供给决策，加强旅游公共服务项目全程监督，健全旅游公共服务群众评价机制，以更好地反映和满足城乡居民的旅游公共需求。

第五节　旅游公共服务需求体系

旅游公共服务需求是公共部门（主要是政府）以公共产品

形式来满足的共有旅游需求。它是共同的私人旅游需要的集合体，通过公共产品来表现，是一种集体性消费。对应于私人需要通过私人产品来满足，旅游公共服务需要通过公共经济提供旅游公共产品来满足。旅游公共服务需求可以分为同质性和异质性的社会公共需求，前者是指拥有共同利益——根本利益和具体利益一致形成的需求共同体；后者是相对于同质而言，是指拥有共同的根本利益，不同的具体利益，多个子集团所组成的集团的需求①。

一 旅游公共服务的"需求端"

后工业社会以服务为核心，服务的核心是围绕人的生活需要而展开，即根据社会所能提供的教育、保健、娱乐等社会服务来确定的。可见，如果不重视需求，而只关注供给，就注定了供给很可能是无效供给。这就需要旅游公共服务建立并完善政府与社会之间的互动关系，尤其是在政府决策时，有效地把公民的真实需求及时准确地收集起来，并进行有效整合。因此，旅游公共服务能力不能局限于公共产品与服务的供给上，更重要的是要有效提升了解和把握旅游公共需求方面的能力。这需要通过畅通社会的表达机制，使得公民的社会需求能得到真实的表达，并通过相应的机制得到整合，从而为旅游公共服务的有效提供确立前提条件。还需注意的是，政府由于其所追求的确定性、普遍性，使得其在提供公共服务方面不太关注服务需求的差异性，而对差异性的追求又恰恰是精准提供旅游公共服务特别需要关注的内容。

---

① 陈志楣：《论公共经济存在的依据》，《中国特色社会主义研究》2008 年第 4 期。

正因为旅游公共服务需求具有复杂性，旅游公共服务体系也必然是复杂的系统，才能与旅游公共服务需求保持平衡。旅游公共服务需求的渐增性、多样性和交叉性等基本特征，决定了旅游公共服务需求体系的复杂性和系统性。2015 年年底，中央财经领导小组会议提出"供给侧结构性改革"后，"供给侧"的概念受到学术界热议。在本书看来，旅游公共服务领域也须在重视把握"需求端"的基础上，进一步强调"供给侧"的重要地位，不断提升公共服务效能，推动旅游公共服务领域的"供给侧改革"。

由于服务的不可分割性，服务的生产过程与消费过程基本上是同时进行的，换句话说，服务对象必须参与到服务的生产过程中才能享受到服务。因此，服务的提供者必须重视服务过程。基于这样的考虑，一方面，旅游公共服务的特殊性决定了不能完全按照市场经济的供需逻辑来决定其产量；另一方面，市场经济的供需平衡规律额外又给我们提供了启示，这就是，在供给旅游公共服务时，必须考虑旅游者对旅游公共服务的实际需求，即必须在供需的基本平衡之中来考虑旅游公共服务的提供。这再次强调了旅游公共服务需求甄别能力建设的极端重要性。

公共需求快速增长与公共服务供应不足之间的矛盾是我国经济社会发展长期存在的一对基本矛盾，尤其是在教育、医疗卫生、交通等公共领域，均存在公共服务的供给总量不足、供给分布不均等问题，社会对于公共服务领域供给侧改革的呼声也最为强烈。增加公共产品、做好公共服务，将公共服务的

"供给侧改革"落到实处，无疑是建设服务型政府的重要抓手①，同时，通过提高供给体系的质量和效率，助力中国经济实现中高速增长。需要特别注意的是，高质量的旅游公共服务首先需要做好前端调研。要将公共服务的"供给侧"落到实处，离不开对"需求端"的精准把握，这是所有改革精准发力的前提条件，即"供给方"对"需求方"（服务对象）的了解、把握、尊重，是一切供给侧改革措施制定实施的基础。随着信息化程度和人民生活水平的不断提高，公众对公共服务的诉求越来越多，对公共服务的质量要求越来越高，对国家间、地区间公共服务的差异越来越敏感。旅游公共服务体系建设如果不以旅游者需求为导向，还是一厢情愿地推行传统服务项目，按固有方式开展工作，将会遭遇"费力不讨好"的尴尬。

二　"价值套装"

旅游公共服务需求自成体系，暂且称之为"价值套装"②。所谓"价值套装"是由卡尔·阿尔布瑞契特提出的新的概念，它是指"提供给顾客的商品和服务的综合，不论是抽象的还是具体的……顾客购买的是整个体验到的价值，而不是一项商品或一次服务"。主题公园的价值套装与保险公司就不尽相同；大学所提供的价值套装，与百货公司也不完全一样。每个价值套装都有自己的一套评估体系所提供的价值标准，顾客对其完整的体验是实现自身基本利益的表现。旅游公共服务需求不是个别需求的数学求和，其整体性体现在每一个社会成员所拥有的

① 董明月：《公共服务的"需求端"与"供给侧"》，《小康》2016 年第 3 期。
② ［美］卡尔·阿尔布瑞契特、让·詹姆克：《服务经济——让顾客价值回到企业舞台中心》，唐果译，中国社会科学出版社 2004 年版。

不可分割的共同利益。但是，旅游公共服务需求也是异质的，即在同质性公共需求的基础上，因年龄、收入、社会地位和习俗等差异而存在不同群体之间有差别的需求。正如前文所述，因为旅游者需求程度和个人消费需求偏好等因素的影响，旅游需求是有结构性的，当然也是自成体系的。

第六章　旅游公共服务供给体系

公共供求关系理论是一种研究社会公共需求与政府公共供给之间关系发展规律的理论，它主要研究公共服务需求与服务供给两者间的联系，换句话说，是研究如何维持公共服务供给和需求之间的平衡。① 目前公共供求关系流派繁多，观点各异，但都认为公共需求与公共供给之间的关系是公共服务（公共行政）的主线。公共供给须与公共需求相适应的客观规律是公共服务的基本规律。政府的公共职能、活动方式及其活动范围亦是由社会公共需求所决定的，后者在很大程度上影响着政府职能、体制与行为，公共需求与公共供给之间的矛盾运动是推动公共服务改进提升的重要因素。因此，本书提出寻求公共服务供给和需求上的相互适应、相互平衡是公共服务的根本任务。同时，公共需求与公共供给之间的关系是公共服务的基本关系。这一关系决定了政府、市场与社会三者之间的关系，决定了公共领域、私人领域的划分，也决定了政府公共供给的行为与方式。而政府公共供给的内容与方式直接决定了公共服务的其他

---

① 曾维和：《当代西方国家公共服务组织结构变革——基于服务需求复杂性的一项探讨》，中国社会科学出版社 2010 年版，第 14 页。

关系。①

第一节 旅游公共服务的供给效率

一 供给侧与需求端的矛盾

"高烧不退"的旅游市场表明，目前制约旅游产业发展的主要障碍并非需求问题，而恰恰是供给效率低下、结构不合理、分布不平衡，难以应对多元化的升级的旅游市场需求。旅游公共服务领域存在的种种"矛盾凸显"现象，归根到底是供给有效性和效率的问题。

旅游业需求端与供给侧的主要矛盾，表现为需求端的持续增长且不断升级与供给端能力不够动力不足之间的矛盾（见图6-1）：这个矛盾并非需求不足，反而是供需配置失衡的矛盾；并非供给总量不足，却是供给的有效程度的矛盾；并非游客消

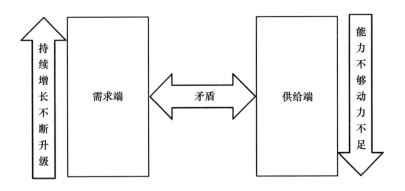

图6-1 需求端与供给侧的主要矛盾

资料来源：笔者设计。

---

① 李军鹏：《公共服务型政府》，北京大学出版社2004年版，第1—25页；李军鹏：《公共服务学——政府公共服务的理论与实践》，国家行政学院出版社2007年版，第8—15页。

费力不足，恰是供给水平不高的矛盾。其中，旅游公共服务体系和旅游产品多样化是旅游业各要素中明显的短板。所以，旅游公共服务供给侧结构性改革的重点应该是科学合理地增加有效供给的内容、优化供给的效率、提升供给的水平。

二　旅游公共服务的供给效率

公共服务的供给效率表现为社会福利的最大化。早期的福利经济学家认为，将公共产品最公平的分配供给就是最有效率的。著名经济学家萨缪尔森（Samuelson）最早阐述了公共服务供给效率的内涵，指出所有家庭（私人品）边际替代率之和与公共产品与私人品的边际转换率相等时，可以达到公共产品供给的帕累托最优，也就是有效的公共产品供给。[①] 查理斯·蒂伯特（Charles M. Tiebout）首次系统地分析了地方公共产品供给效率问题，创造性地提出通过"用脚投票"的机制来优化公共产品供给效率的构想。[②] 由于政府单一供给公共服务，导致了供给效率不高的问题，关于如何提高公共服务效率也就成了研究热点。阿门·阿尔坎（Armen A. Alchian，1965）指出非政府部门可以以较低的成本和较高的效率供给公共服务。詹姆斯·布坎南（James M. Buchanan，Jr.）通过分析美国的农业社区，发现随着收入的提高，产品私有化能够有效提高供给效率。另外，竞争机制有利于提高公共服务效率也是学术界的共识，诺贝尔经济学奖获得者约瑟夫·斯蒂格利茨（Joseph E. Stiglitz）提出，政府认真履行公共服务（公共行政）宏观调控职能的同时，通

---

① Samuelson, P. A., "The Pure Theory of Public Expenditure", *Review of Economics and Statistics*, Vol. 36, No. 4, 1954, pp. 387 – 389.

② Tiebout, C. M., "A Pure Theory of Local Expenditures", *Journal of Political Economy*, Vol. 64, No. 5, 1957, pp. 416 – 424.

过签订合约、提供授权经营委托私人部门生产公共服务，这种模式可以提升公共服务质量水平，提高公共服务机构工作效率。在公共服务效率研究中，民营化是提升效率的一个关注热点。除了从供给的主体角度差异探讨公共服务供给效率提高问题外，也有学者提出公共产品的混合供给的模式，如：埃莉诺·奥斯特罗姆（Elinor Ostrom）的研究发现，在公共经济中并不只存在政府或者市场两种单一、独立的供给主体，最有效率的供给模式可能是混合式的供给方式。

卢洪友指出，所有公共服务都或多或少地存在正的外部性以及"免费乘车"的问题。因此，政府是不可或缺的公共服务供给主体①。郑书耀分析了政府提供公共服务存在的效率低下问题②。汪利锬认为，应该在明确公共产品边界的基础上，充分发挥市场的作用③。但是，任何供给模式下都存在着非效率的问题。尚海涛等指出，面对公共服务供给效率方面的困难和问题，政府的主导和协调作用的重要性得以凸显④。

可见，旅游公共服务的供给效率是一个复杂性程度很高的问题。但是，不可否认的是，提高旅游公共服务的供给效率就是为了达到福利经济学提出的"帕累托最优"状态。因此，科学合理的旅游公共服务供给总目标应该是，供需二者在总量、类型和结构方面的适应和协调程度最优，即达到旅游公共服务

① 卢洪友：《公共品供给的政府效率解及其条件分析》，《经济问题研究》2003 年第 3 期。
② 郑书耀：《现实政府供给公共物品的困惑——从公共物品供给效率的考察》，《财经理论与实践》2009 年第 2 期。
③ 汪利锬：《我国参与式公共服务供给模式研究——理论模型与经验证据》，《财经研究》2011 年第 5 期。
④ 尚海涛、张金胜：《公共产品供给模式的效率表现与非效率解》，《西北大学学报》2010 年第 6 期。

供求关系平衡，满足旅游者的公共需求，实现"最大多数人的最大幸福"。

第二节 旅游公共服务的复合供给

新制度经济学派认为，制度、制度变迁和制度安排的内在化是经济发展的重要因素。旅游公共服务的供给即是在特定的生产关系和社会关系中，囊括了相互之间联系、影响和作用的一系列制度的完整体系。目前，旅游公共服务的供给主要包括政府供给、市场供给、社会供给以及复合供给四种模式。

一 政府供给

是指通过一系列行政手段，凭借国家机构的权威性和强制性，直接或者间接生产和提供旅游公共服务的供给方式。由政府机构（包括政府下属企业）作为供给主体生产和提供旅游公共服务，称为直接供给；由非政府机构或部门作为供给主体，政府通过采购、补贴等形式进行合作，称为间接供给。由政府供给的旅游公共服务一般为纯公共项目，游客接受公共服务不需要支付任何费用。

政府供给型产品主要为公共性特点突出的产品或服务，例如旅游公共政策、旅游法规、旅游休假制度等；或者是非政府力量不愿意供给的公共产品和服务，如旅游目的地形象宣传、公共安全服务等；又或者是非政府力量无能力供给的公共产品和服务，如景区周边环境整治和生态环境保护等（见图6-2）。

政府供给中，由于信息不足与扭曲、政策实施的时滞、公

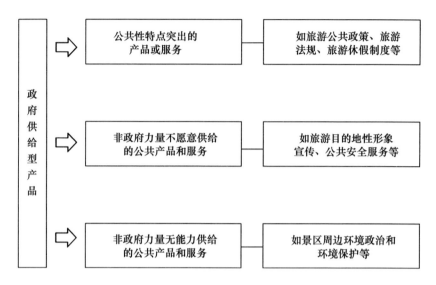

图 6 - 2　政府供给型产品

资料来源：笔者设计。

共决策的局限性和寻租等原因，可能导致"政府失灵"①。"政府失灵"的表现形式包括政府行为未达到预期目标、政府行为的低效率、高成本等。

二　市场供给

是指由市场作为供给主体，遵循市场交易原则和基本规律，向旅游者提供相关旅游公共服务。由于市场机制的作用，该供给方式更有利于提高供给效率，契合多元的游客需求。从形式上看，包括内部市场、政府补贴、合同外包、特许经营等模式。一般情况下，游客需要承担和支付一定的费用才能享受市场供给型公共服务。

---

① 李明扬、苗丹、孙建丽：《浅谈环境经济手段》，《农家科技》（下旬刊）2013 年第 9 期。

市场供给的产品范围主要是指一些外部性不明显、具有排他性或竞争性特征的系列准公共产品，例如城市绿地系统等；还有一些排他性和非竞争性特征较为明显的旅游公共服务，例如旅游交通服务、旅游集散中心等①。

市场供给同样可能存在低效问题，一种现象是影响社会公平的"挑奶皮"；另一种现象是出现垄断等某些"负外部性"。

三　社会供给

是指由社会机构，例如志愿者或第三方作为供给部门，不以营利为主要目的的供给主体。该供给方式有利于丰富旅游公共服务的内容和形式，是政府供给的有效补充，包括志愿者服务、无偿捐赠服务、非营利服务等内容，通常适用在旅游公共信息服务、医疗救援服务等方面。

作为旅游公共服务的新兴供给主体，社会供给可以弥补政府供给的职能不足，也可以弥补市场供给的先天欠缺，以满足部分旅游者的过度需求或特殊需求，如满足老人、儿童、残障人士对旅游公共服务的差异化需求。

四　复合供给

在特定条件下，政府、市场和社会在旅游公共服务中都扮演着重要角色，然而各有优劣、有所差别，故此，我们应该努力寻求政府、市场和社会在旅游公共服务供给领域的均衡，建立复合型的供给方式。

---

① 李爽、黄福才：《旅游公共服务市场化与政府的作用研究》，《资源开发与市场》2011 年第 8 期。

　　复合供给模式指政府部门、市场部门、社会机构等共同作为供给主体，共同生产和提供旅游公共服务。该方式本质上是引进了市场竞争的机制，有利于促成旅游公共服务供给的良性竞争状态。该方式的表现形式相对多样，如政府和私人部门或非营利性组织合作的 PPP 模式，以及三者联合的复合方式。

　　在现实操作层面旅游公共服务供给模式选择过程中，除了需要综合考虑各种供给模式的特点和优劣之外，还需要综合分析旅游公共服务的需求结构、旅游公共服务的类型及属性、区域发展水平、政府职能范围、政府财力高低、私人部门以及非营利性组织发展程度等因素，最终从备选供给模式和组合中做出合理选择（见图 6-3）。

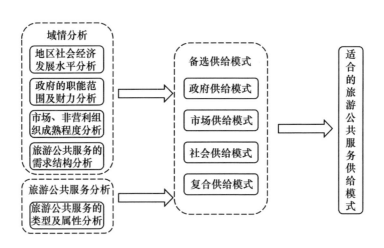

图 6-3　旅游公共服务供给模式选择模型

资料来源：笔者设计。

第三节　旅游公共服务的供给体系

旅游公共服务的供给体系主要由下列四个方面构成。

一　供给决策

作为规则和制度的集合，旅游供给决策机制与旅游公共服务生产和运行过程关系密切。旅游公共服务决策行为是否有效，很大程度上受该机制的影响。当中，首先应明确在旅游公共服务供给中的决策主体、决策程序、决策权力结构、决策关系（责、权、利）等。供给决策机制在旅游公共服务供给体系中占有重要地位，是构建旅游公共服务相关机制的基础内容和重要保障。

二　供给主体选择

如何在众多旅游公共服务供给主体中进行选择，由谁独立或某几家供给主体联合共同提供旅游公共服务项目是主体选择需要回答的首要问题，供给主体选择主要受两方面因素的共同影响：一是旅游公共服务供给决策机制；二是旅游公共服务需求表达机制。经过合理比较各个主体之间的优劣势，实现旅游公共服务主体和模式选择的最优化决策。在供给主体选择过程中，应大力引导和鼓励多元化的主体参与旅游公共服务供给，既考虑公平，也要兼顾效率。

三　供给监测

作为旅游公共服务供给的关键问题，效率始终深受政府和行业部门关心。充分了解市场需求、供给现状和供给效率，是开展合理高效的旅游公共服务供给决策的重要基础，更是旅游管理部门乃至于政府层面不得不面对的重要课题和现实要求。旅游公共服务供给监测机制包括两个方面的内容：一是以相关旅游统计数据为基础形成的旅游公共服务的评价指标体系，可以通过该评价指标体系收集的数据对供给现状进行科学、客观的分析研究。二是以游客满意度调查评价为基础形成的主观性较强的评价指标体系，通过定期或非定期进行测评，以实现主观加客观的二维监测。该机制还可以有效监督旅游公共服务资金使用情况、游客接受公共服务的获得效益、供给总体运行情况等，以保证供给过程的透明性、有效性和公正性。

四 供给激励

激励是实现旅游公共服务有效供给不可缺少的基础性要素。不管在什么样的制度下，旅游公共服务供给成效都与供给主体自身的能力、拥有和可投入的资源以及激励的水平密切相关。如前文所述，旅游公共服务供给主体具有多元性，在价值主导、供给方式、目标特点等方面，不同供给主体表现出各异的特点。供给侧结构性改革作为未来一段时间我国经济发展的一条主线，亦是旅游公共服务体系建设的重点[①]。有必要从供给侧加强旅游公共服务改革，同时也应不断强化激励。为更好地发挥不同供给主体的优势，实现有效供给的目标，就必须结合实际情况构建旅游公共服务供给的激励机制及配套机制。该机制的科学构建和良好运行将有益于实现旅游公共服务平稳、有效、可持续

---

① 李晓燕：《以旅游供给侧结构性改革　推动现代化经济体系建设研究》，《改革与开放》2019 年第 16 期。

的供给。供给激励的内容可以多样化，但政策、体制、机制等制度层面的安排和设计是其中最重要的部分。

第四节　旅游公共服务的供给侧改革

经济新常态反映的是中国经济在较长时期的要素积累和高速发展之后呈现的发展动力不足、经济结构失衡和经济效率偏低等一系列问题，应对这些问题需要通过"供给侧改革"来提高生产效能和生产水平。与宏观经济不容乐观所不同，我国居民消费步入快速转型升级的阶段，旅游业正迎来黄金发展期。同时，旅游业也处于矛盾凸显期，旅游消费需求与旅游产品供给存在供需失衡现象，尤其是在旅游公共服务方面无法适应旅游业的快速发展[①]。

需要警惕的是，旅游需求对旅游产业发展的推动力大小，取决于我国与世界范围内主要旅游目的地国家的旅游供给结构与旅游供给质量的对比情况，如果国内旅游供给结构与供给质量不能与旅游需求相匹配，在旅游类型、旅游质量、旅游效用等方面与旅游需求形成明显差距时，便会形成旅游需求的"溢出效应"，国内旅游需求的自然增长就会转向成为世界主要旅游目的地旅游产业发展的重要力量。21世纪初，我国出境旅游的年均增长速度达到20%，远远高于国内旅游年均增长10%的速度[②]，该统计数据充分印证了这种"溢出效应"的客观存在。到21世纪20年代，中国人均国内生产总值超过一万美元，旅

---

① 邓小艳、邓毅：《大众旅游背景下旅游供给侧改革策略研究》，《行政事业资产与财务》2016年第16期。

② 戴学锋、巫宁：《中国出境旅游高速增长的负面影响探析》，《旅游学刊》2006年第2期。

游需求全面爆发，呈现指数增长趋势。如果国内旅游供给结构与供给水平没有明显改善，旅游的"溢出效应"将会更为严重。由此可见，需求端的活跃和消费的升级必将倒逼供给侧各方创新，旅游业要精准发力做好供给侧改革，从"景点旅游"向"全域旅游"转变，才能有效缓解旅游公共服务供需矛盾，才能早日建成人民群众更加满意的现代服务业①。

产品结构不合理和有效供给不足始终是中国旅游业发展面临的重要问题之一。现阶段，无论是旅游消费水平、能力或欲望，都没有面临消费需求的约束。反倒是供给结构升级缓慢、创新能力不足等因素抑制居民现实消费需求的问题日渐突出。有效供给不足将使得旺盛的消费需求变成"持币观望"甚至通过出境消费来实现满足。这使得旅游供给侧改革迫在眉睫。在保证旅游需求增长的同时，促进旅游领域供给侧结构性改革，已经成为推动旅游产业实现现代化、高级化、国际化发展的必经之路。要充分利用大力推进供给侧改革的机遇，弥补发展中的短板，促进并有效实施旅游公共服务的供给侧改革。

供给侧改革就是要从生产相关的要素、技术、方式以及技术创新等方面有所改革，通过供给质量的提高，进一步推进结构调整，矫正要素扭曲，提升有效供给，提高对需求变化的快速反应能力，全面提高全要素的生产效率，更好地满足市场需求，以此促进经济、社会的快速、健康、有序发展。虽然，传统旅游业发展多依赖消费和资本驱动，但是通过资源要素优化配置，旅游业在保增长、促生产以及供给侧结构性改革中具有巨大促进作用。

以供给侧结构性改革思维推进旅游产业发展，一是需要在

---

① 唐贤伦、李瑞、殷红梅、陈品玉：《我国供给侧结构性改革背景下的全域旅游发展理论体系研究》，《改革与战略》2017 年第 9 期。

强化旅游公共服务和丰富旅游产品体系上下功夫。二是要大力发展旅游新业态，促进旅游消费升级。三是通过制度创新和政策调整，破除市场壁垒，减少政府干预，提高旅游公共服务供给效率和质量。本书认为，当下应是旅游业加快发展的战略机遇期，尤其是在强化旅游公共服务职能，完善旅游公共服务体系方面，可谓是"生逢其时"。令人遗憾的是，自2015年中央提出供给侧结构性改革这一命题以来，旅游理论研究对此"反应迟钝"或是"不以为然"，至今鲜有专家学者发声。不得不说，旅游理论研究又一次明显滞后于实践发展。

少有的几位旅游研究专家在分析旅游供给侧结构性改革时，不约而同地聚焦在以下几个方面。

一　旅游领域供给侧改革的核心

如何让供给变得有效是旅游领域供给侧结构性改革的核心。具体而言，让供给变得有效，需要解决好以下几个问题（见图6-4）。

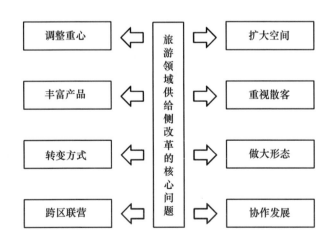

图6-4　旅游领域供给侧改革的核心问题

资料来源：笔者设计。

（一）调整重心

改变以入境旅游和出境旅游为重心、国内旅游产品与服务发展相对缓慢的局面，形成以国内旅游为重心的旅游市场体系。

（二）扩大空间

改变以景区为核心的旅游目的地体系，构建以旅游中心城市和旅游集散地为核心的全域旅游空间体系。

（三）丰富产品

改变以观光旅游为主体的旅游产品供给体系，丰富以观光旅游、休闲和度假旅游、特种旅游为主体的旅游产品体系。

（四）重视散客

改变以旅行社为主体的团队旅游组织方式，形成以网络经济和平台经济为主体的团队、散客和代理旅游组织方式。

（五）转变方式

改变以点线旅游为核心的旅游经济运行方式，集成以区域为核心的板块旅游经济运行方式。

（六）做大形态

改变以观光游览为核心的小旅游经济形态，联结以居住地休闲和目的地旅行为核心的大旅游经济形态。

（七）跨区联营

改变一地经营的单打独斗模式的旅游产业组织架构，注重资源整合和跨区联营，不断打造跨地区、跨国界的联营模式的旅游产业组织架构。

（八）协作发展

改变传统的政府主导型旅游发展和运行体制，充分发挥市场、社会及行业协会等作用，不断形成以市场为主导、政府与行业协会共同作用及相互互补的旅游发展体制。

二 旅游领域供给侧改革的实质

助推中国旅游业发展从自由竞争向垄断竞争过渡是旅游领域供给侧结构性改革的实质。从全国来看，旅游产业内局部性产能过剩与供给短板普遍存在。同时，因为决策失误或市场变化等的影响，旅游开发过程中确实存在部分"空壳项目"和一定数量的"僵尸企业"，导致优质旅游资源开发空间被挤占，旅游市场秩序被扰乱，也降低了旅游公共服务的效率。究其原因，这些问题的形成很大程度上是低层次自由竞争造成的恶果。一方面，低层次自由竞争所形成的市场结构制约了旅游产业提绩增效和转型升级。另一方面，低层次自由竞争所形成的市场结构使得旅游产业缺乏旗舰型旅游企业去掌握旅游服务的定价权和旅游市场的话语权，"劣币驱逐良币"成为旅游市场的常见怪象。

三 旅游领域供给侧改革的重心

减少旅游企业的交易成本、税费成本、融资成本以及社会责任成本等制度性交易成本是旅游领域供给侧结构性改革的重心。通过降低制度性交易成本提升旅游企业的创新能力。

供给侧改革的任务，反映在旅游公共服务领域最突出的问题就是解决制度供给不足的问题。比如，2015年以来，国家旅游局推出的"游客不文明行为记录"就是推进制度建设、增加制度供给的有益尝试。再比如，完善《中华人民共和国旅游法》的相关配套法规、制度、标准建设，构建以《旅游法》为核心的旅游产业规范体系；推进国务院《关于进一步促进旅游投资和消费的若干意见》和旅游产业用地政策的落实；大力实施厕所革命，加强公共服务建设；整治市场秩序，推进文明旅游工作；强化底线思维，防范风险，切实保障广大游客安全；加强旅游理论研究和人才队伍建设，增强产业发展后劲等等旅游行政主管部门近些年的重点工作，都是围绕增加有效制度供给而进行的旅游公共服务供给侧改革的有益探索。

四　旅游公共服务供给侧改革的关键点

旅游公共服务供给侧结构性改革是一个系统工程，涉及方方面面，其中主要包括旅游业管理体制改革、出入境管理政策调整、旅游的市场主体重建、旅游企业及相关企业整合重组和创新、旅游新业态规范管理、休假制度完善和落实、旅游要素保障机制和开发经营体制机制配套等。综上，笔者认为，目前旅游产业公共服务的供给侧改革比较重要的几个关键点包括但不限于：

第一，以全域旅游为发展思路对旅游公共服务体系进行顶层制度设计。

第二，以旅游购物免税和退税政策为核心调整出入境旅游①。

第三，以解决我国出境旅游购物溢出问题为目的设立国际旅游自由购物区。

第四，以满足居民国内度假需求和居民养老需求为中心建立各级国家旅游度假地和国家养老地。

第五，通过散客服务体系构建，加强旅游目的地管理。包

---

① 高舜礼：《旅游宣传的薄弱与强化》，《旅游学刊》2015 年第 7 期。

括预定体系、观光体系、租赁体系、标识体系、风景道体系和救援体系。

第六，基于旅游客源地—目的地—集散地空间结构，开展新型区域旅游合作，形成错位发展。

第七，通过制度设计和政策导向，推动我国旅游产业组织向更高级方向发展。

第八，积极试点"弹性工作制"。人力资本是供给侧的首要要素。可以在OTA旅游企业中实行弹性工作制度，从劳动资本角度进行改革。

第九，创新推进"假日改革"。假日改革具有长期效应，是对生产时间以及劳动力供给方式的"供给侧改革"。是旅游行业极少也极珍贵的可以触及全民改革层面的重要政策手段，应重视这个政策手段，用好用足这个政策手段，主动研究假

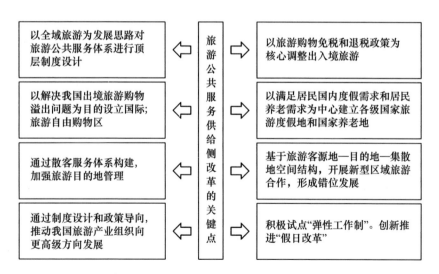

图6-5　旅游公共服务供给侧改革的关键点

资料来源：笔者设计。

日变动对经济增长和就业质量以及创新激励的影响。提前做好假日改革的"压力测试"，积极探索假日审批权下放改革[①]（见图 6 - 5）。

总之，旅游产业公共服务的总体方向与最终目标是让有效供给撩动游客，让产品质量稳住游客。

---

① 王悦、赵美玲、耿蕊、胡钰璇、张翔、狄昌娅：《供给侧改革下江苏省旅游业发展研究》，《现代商业》2017 年第 19 期。

第七章　旅游公共服务保障体系

第一节　创新机制

完善旅游公共服务的创新机制，是提高旅游公共服务建设质量和供给效率的重要抓手，也是优化旅游公共服务体系的重要环节之一。旅游公共服务机制的创新包括了理念、管理、制度和技术四个方面。其中，理念的创新必须从旅游者的需求实际出发，激活各方面的社会力量，实现公平与效率兼顾的目标；管理的创新必须转变和创新政府的职能以及政府管理的理念和方式，真正实现向服务型政府的转变；制度的创新必须改变政府包揽一切的局面，结合旅游公共服务的固有特征，进一步地创新旅游公共服务的供给模式，通过旅游公共服务类型划分与体系细化，以选择最优的供给主体，实现高效率、低成本的目标；技术的创新即运用全新的生产方式和生产工艺，以形成新产品，从内容上看，要通过多样化的组合方式创新旅游公共服务的类型。供给方式上充分运用最新的科技手段，融入智慧旅游的理念，有效整合先进的电子信息技术和互联网技术，以满足多方面的需求。目前旅游公共服务的机制创新可以从以下几

个方面着手:

一 推进综合配套改革

推进行政管理体制等综合配套改革,为旅游公共服务的发展提供强大动力和体制保障。合理优化调整旅游目的地行政区划,拓展城市发展空间和板块旅游经济发展空间。建立并健全旅游公共服务体制机制,构建由政府引导、行业自律管理、企业主体经营的模式。深化推动旅游产业综合改革和旅游相关产业领域的专项改革。不断提高旅游行业协会等社会组织的自我约束、自我发展和自我管理能力。

二 健全城市管理机制

有计划、有步骤构建"综合管理重心下移和专业管理相对集中"的目的地管理体制机制。探索建立"旅游警察"队伍,整合行政执法资源,完善综合行政执法体系。进一步健全基层旅游公共服务组织机构,并不断增强其自治功能,着力构建旅游社区公共资源的共享机制和全面协调可持续的治理机制。

三 资源一体化管理

打破体制机制方面的制约,进一步建立并健全综合协调管理制度,实现统一有序的旅游资源开发建设、运营管理和生态保护的部署与协调,杜绝多头管理现象。

四 创新工作体制机制

进一步优化政府在旅游公共服务领域的领导机构和管理机制,建立健全旅游公共服务相关的目标责任制度、绩效考核制度和成效评估制度。通过示范引导，建立完善的旅游公共服务标准体系。通过构建政府主导、社会化参与的工作机制，形成多维主体合力开展旅游公共服务的新局面。

第二节　激励机制

激励机制是指激励的主体通过综合运用多种激励方式以鼓励或者制约激励的客体，以实现二者之间的良性互动，达到激励目的的制度安排。旅游公共服务领域的激励机制的目标在于引导多方供给主体参与旅游公共服务，进而通过制定标准规范、流程制度、奖惩措施等手段合理配置旅游资源，充分调动供给主体的积极性，杜绝"搭便车"现象，提高服务效率。该激励机制主要通过外部激励、内部激励、政策激励和公众参与等手段实现。

一　外部激励

是指政府吸引和鼓励外部旅游公共服务供给主体进入参与旅游公共服务建设。外部激励要求政府作为委托方或是投资人，通过制定一系列税收优惠政策、政府补贴政策、低息贷款政策等优惠措施激励非政府主体参与旅游公共服务体系建设。

二　内部激励

与外部激励相对而言，内部激励主要指旅游公共服务体系或是旅游企业内部激励主客体间的相互关系。旅游公共服务体系建设必须依赖具体的旅游公共服务人员，因此，该激励机制的重点和难点即科学地引导并规范旅游公共服务人员的理念和行为，使其更好地开展旅游公共服务相关工作。根据经济学中经典的"经济人"假设，人总是要追求自身利益最大化，因此通过科学合理的薪酬水平，是常用的旅游公共服务内部激励手段之一。当然，也不能忽视如先进评比、技能竞赛等精神文明层面的激励手段，这可以有效提高旅游公共服务人员的归属感和自豪感。

三　政策激励

旅游公共服务政策激励是在一定时期内，政府或旅游主管部门为保证旅游公共服务体系的顺畅运行而研究制定的一系列包括财税、金融、人力、法律、土地等在内的相关配套政策。科学合理的政策往往具备稳定且连续的特征，即在政策实施过程中，政府应充分动员一切社会资源力量，采取多种保障手段，确保政策实施的权威、连续和有效，使政策可以落地，这有利于营造良好的旅游公共服务体系运行环境，为其市场化运作与社会化改革提供有效保障。

四　公众参与

市场经济体制的完善推动着社会治理结构的变化，公民和舆论（媒体）对公共管理的参与已经成为公共服务管理中的重要趋势。重视并激励公民积极加入与优化旅游公共服务体系相关一切活动，并积极开展有针对性的献计献策活动，提升旅游公共服务水平。在此过程中，需要为社会公众和舆论（媒体）提供良好的利益需求和意见建议表达渠道。

第三节 保障机制

一 组织机构保障

旅游公共服务体系的科学构建与合理运行涉及各级政府及其相应的行政管理部门，是政府的公共服务职能在旅游产业中的表现形式。虽然政府是旅游公共服务体系构建的主体，但只依靠旅游行政管理部门力量，难以推动建设。所以，需要强有力的领导机构牵头，即要求各级政府一把手亲自挂帅。从组织保障方面看至少应该包括两个层面：一是在纵向国家层面，必须明确中央及各级地方政府的职责，分级牵头、逐层落实，以实现旅游公共服务体系建设的整体化推进。二是在横向部门层面，旅游行政管理机构要协调好一系列相关部门和单位，使其各负其责，发挥好不同部门的资源和职能优势以及整合优势（见图7-1）。旅游发展委员会这类旅游管理部门的重要工作之一是实现从研究分析宏观政策逐步转变为统筹、协调、处理不

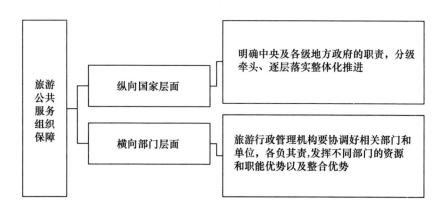

图7-1 旅游公共服务组织保障

资料来源：笔者设计。

同行业部门之间的合作。应该将旅游公共服务体系纳入行政考核，作为推动政府建设的动力。各地可以借鉴桂林市的做法，专门增设旅游公共服务管理机构，隶属于省市旅游局，专门负责旅游公共服务的规划、建设、监督和管理等工作。

二　公共财政保障

旅游公共服务体系建设应该有专项资金保障并逐年提高。政府的财政管理机构要科学合理地优化财政资金投入的方向和渠道，有计划有步骤地减少旅游项目直接投资及补贴，进一步加大旅游公共服务投入，应该在财政支出预算中设立独立的旅游公共服务体系建设科目，形成相对稳定的财政资金投入渠道。投入的重点应在旅游厕所、旅游信息化、旅游景区"最后一千米"、公益设施等方向上。此外，政府还应加大对旅游安全、信息、交通等公共服务基础设施相关领域的支持力度。在条件允许的前提下，应该对旅游惠民、便民公共服务项目予以倾斜，尽可能安排和设置旅游公共服务体系专项资金，通过经费保障，以实现旅游公共服务覆盖面扩大和游客满意度提高的目标。

三　规划实施保障

地方各级政府应根据国家旅游公共服务专项规划的相关部署，根据区域经济社会和旅游产业发展实际情况，制定本区域的旅游公共服务发展规划。同时，旅游公共服务建设应该成为各地国民经济和社会发展规划制定的重点之一，并将其纳入区域规划、土地规划、城市规划、乡村规划、扶贫规划、文化规划等上位规划，确保在相关工作中可以实现旅游公共服务与其他类别的公共服务统筹协调。

四　科技人才保障

旅游公共服务体系建设永远离不开科技的支撑和人才的保障[①]。着眼长远，应该确立"人才优先"在旅游产业发展布局中的战略地位，不断建立健全组织保障机制，加大资金投入的力度，优化相关人力资源培养机制，营造良好人才培养环境，加强旅游产业及其公共服务领域高端人力资源的培养，完善旅游人力资源相关政策体系；大力实施旅游相关岗位职务培训，构建培训服务的平台；强化旅游相关学科教学建设力度，形成旅游人才市场体系。一方面，快速推进最新科学技术在旅游产业领域的应用和推广，提高旅游产业科技含金量。应不断强化先进信息技术在旅游产业领域的运用，尤其是在旅游网站建设、旅游统计、旅游信息发布、旅游应急救援、旅游监控、旅游行业预警等方面。另一方面，要优化旅游公共服务人才培养模式，与旅游相关的院校或科研机构合作，在培养旅游规划、营销、酒店、导游等领域人才之外，将旅游公共管理人才、信息服务人才、应急管理人才的培养放在重要位置。不断加强与相关团队、社会组织以及公益组织的合作，搭建旅游业志愿者人才梯队。

第四节　风险控制

一　旅游市场监管机制

强化旅游执法功能，建立有效的旅游市场监管机制，地方各级政府及相关部门不断加强法律法规体系的建设，构建高素

---

① 吴玲敏：《"南展西扩"战略背景下湖南省冰雪旅游公共服务发展研究》，《太原城市职业技术学院学报》2018 年第 12 期。

质的执法队伍，加大执法力度，优化旅游执法，对旅游违法行为绝不姑息；建立由多部门联动的执法工作机制和覆盖"吃住行游购娱"等旅游消费各个环节的多层次、多渠道投诉管理体系，切实维护旅游者的合法权益，提高游客体验度和满意度。

二 旅游诚信体系建设

以《旅游服务质量提升纲要》为基础，大力推广旅游企业优质服务认证制度，定期、不定期地公布游客满意度的调查结果，并有计划地随机发布旅游企业质量信息。大力推进诚信旅游创建活动，进一步完善旅游诚信的记录、档案、评价、信息、奖惩等领域信用制度。出台并实施旅游从业人员诚信服务的规范准则和旅游企业、旅游从业者的信用等级制度，构建诚信经营与诚信消费相结合的完整的旅游诚信体系。

三 旅游安全保障体系

参照云南省的相关做法，摸索构建"旅游警察"队伍，在交通、餐饮、导游等领域不断强化执法和检查工作。落实旅游安全属地化管理责任，根据"谁主管、谁负责"的原则，进一步明晰责任主体。完善旅游安全工作的保障机制，严格执行旅游安全事故报告和重大责任问责制度。大力完善旅游安全预报、旅游突发事件预警以及旅游应急救援机制，大力开展安全预警信息分析和旅游应急救援演练，以提高应对突发事件的能力，全面动员社会各界以及游客主动参与旅游产业安全管理工作，将保障旅游者安全、维护旅游者和经营者合法权益落到实处。

四 旅游绩效监督评估

从绩效评估的角度，针对旅游公共服务决策和供给状况开展科学评价，即根据公平优先原则评价旅游公共服务的决策①；根据效率优先原则评价公共服务供给。从目前的情况看，我国旅游产业的行政管理与监管机构是同一的，导致行政监管的缺失，旅游行政管理部门（旅发委或旅游局）负责旅游项目的审批与决策，但并不需要承担决策后果。因此，构建科学合理的绩效评价与监督机制就是要对旅游公共服务供给效果开展监控与反馈，以提升旅游产业公共服务绩效，从而保障旅游公共服务体系的科学合理运行。

---

① 常文娟、熊元斌、付莹：《论普适性旅游公共服务体系的构建》，《生态经济》2015年第1期。

第八章　旅游公共服务评价模型
及指标体系

第一节　旅游公共服务评价方法比较

学术界（尤其是社会科学领域）比较常用的评价方法包括层次分析法、因子分析法、重要性及其表现分析法（IPA）、平衡记分卡法（BSC）和模糊综合评价方法等。这些评价方法在统计分析领域已经成熟常用，各有优势。本书对上述评价办法进行了全面对比，权衡利弊，认为旅游公共服务的定性具有较强的主观性和较大的模糊性，评价结果往往具有明显的误差，因此有必要将定性指标进行定量化处理。本书重点比较和遴选层次分析法和模糊数学评价法。

一　层次分析法

层次分析法（Analytic Hierarchy Process，AHP）广泛应用于具有复杂因素的多指标综合评价模型中。该方法提供一种将定性指标定量化的思路，优点在于各级指标的权重不是主观决定的，而是通过特征值分解，把与最大特征值相对应的特征向量进行归一化处理而确定。该方法主要用于平行系列指标的权重计算，多见于三级评价指标体系。此外，层次分析法还可以用于多目标、多层次的绩效评价。理论上说，绝大部分社会经济领域的绩效评价都使用层次分析法。

二　模糊数学评价法

模糊综合评价法（Fuzzy comprehensive Assessment）是一种以模糊数学理论为基础的评价方法，该方法有两种类型：一是权重给定的模糊数学评价法，二是权重未给定的模糊数学评价法。在权重已知的情况下，直接代入评价模型即可计算结果；在权重未知的情况下，就需要套用层次分析法来确定指标权重。该方法的核心思想即极小极大原理，是以多属性目标决策理论为基础的保守估计方法。

上述两种方法都是将定性指标进行定量化分析的重要手段，综合各种方法的利弊，并结合问卷调查获取数据及查询获取的相关统计资料情况，本书采用层次分析法来评价云南省昆明市旅游公共服务体系水平。

第二节　昆明市旅游公共服务评价
模型及指标体系

本书以《中国旅游公共服务"十二五"专项规划》中的五大类旅游公共服务体系为蓝本，并进一步完善"公共服务对于旅游可持续发展的助推作用"等指标，将旅游公共服务体系类型拓展为六大方面，在前文理论分析的基础上，以昆明市为实证研究对象，从旅游公共服务供给的视角构建评价指标体系，进而利用层次分析法确定权重开展实证分析。

一 建立综合评价模型应考虑的因素

作为一个多因素复杂系统，旅游公共服务体系受到经济发展水平、基础设施建设、政府管理效率、科技人才培养及旅游发展阶段等大量因素的制约。本书以《中国旅游公共服务"十二五"专项规划》为基础，将昆明市旅游公共服务体系归分拓展为信息咨询、交通便捷、便民惠民、安全保障、行政管理和旅游环境六大方面的内容，并根据数据收集情况和分析需要，进一步分解出 21 个具体指标①。

具体地，旅游信息咨询服务体系反映的是目的地公共信息相关软、硬件条件和能力等，进一步细分为如下三个指标：X1 旅游咨询中心接待量；X2 通讯服务水平；X3 公共信息软件服务水平。

旅游交通便捷服务反映旅游目的地交通通达程度及公共交通便利程度，进一步细分为如下四个指标：X4 铁路、公路以及民用航空服务；X5 公共汽车服务；X6 出租汽车服务；X7 轨道交通服务。

旅游便民惠民服务反映旅游目的地住宿餐饮设施供给水平和综合服务能力，进一步细分为如下四个指标：X8 住宿和餐饮服务水平；X9 文化服务水平；X10 金融服务水平；X11 商业服务水平。

旅游安全保障服务反映旅游目的地旅游保险服务和公共安全保障服务水平，进一步细分为如下三个指标：X12 公共安全供给水平；X13 旅游保险服务水平；X14 公共安全的硬件条件。

---

① 李剀、孙荣华：《边疆民族地区省会城市的旅游公共服务评价模型及指标体系——以昆明市为例》，《西南边疆民族研究》2017 年第 2 期。

旅游行政管理服务反映的是目的地公共行政管理水平和质量保障能力，进一步细分为如下三个指标：X15 旅游目的地旅游政策法规完备程度；X16 旅游从业人员文化程度；X17 旅游质量保障水平。

旅游环境服务反映的是目的地公共景观的供给程度和旅游综合环境优化程度，进一步细分为如下四个指标：X18 旅游目的地游憩设施服务；X19 公共景观服务水平；X20 公共服务基础设施建设水平；X21 医疗服务水平。

二 构建层次分析综合评价模型

本模型主要围绕效能、效率、公正性及可持续四个维度的标准对旅游公共服务水平进行综合评价分析。

（一）效能标准

衡量旅游公共服务影响力的指标类型，考察的是旅游公共服务的不可替代性。旅游公共服务效能高的表现是其在旅游产业发展过程中的基础地位，旅游产业领域的其它活动都不能与其目标和要求相悖。对旅游公共服务进行效能评价，要兼顾对游客、社区和企业的影响。

（二）效率标准

衡量旅游公共服务效益的指标类型，涉及经济、社会等多个方面。旅游公共服务效率的高低表现为低投入高产出。效率标准下的旅游公共服务评价一般通过投入产出比来衡量公共服务水平，本书是通过比较公共服务产出对旅游产业发展的贡献率来评价的。

（三）公正性标准

衡量游客、社区和旅游企业能够获得旅游公共服务机会均等性。公正性标准下的旅游公共服务评价要求在评价指标中充分考虑公共服务资源配置的公正性及其实现程度。

（四）可持续标准

衡量旅游公共服务对区域旅游产业可持续发展方面的贡献。可持续标准下的旅游公共服务不仅仅要满足现阶段各个利益主体的需求，同时也要充分考虑到对未来需求的影响程度①。

本书根据以上四个维度，建立具有层次性特点的模型结构，用于综合评价旅游公共服务在效能、效率、公正性及和持续性四个方面的情况，并能够在此基础上得出区域旅游公共服务的总体水平。评价模型如图8－1所示。

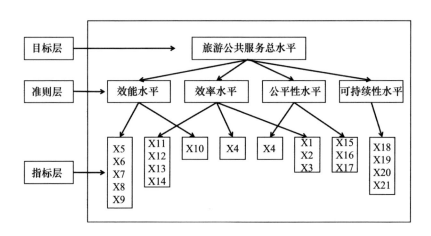

图8－1 旅游公共服务综合评价模型示意图

资料来源：笔者设计。

三 评价模型各层次因素判断矩阵、指标权重及其一致性检验

根据上图所示的模型，可以运用层次分析法确定各指标

---

① 李凯、孙荣华：《边疆民族地区省会城市的旅游公共服务评价模型及指标体系——以昆明市为例》，《西南边疆民族研究》2017年第2期。

权重。

鉴于部分数据已经从公开资料或相关部门获取，本书在预调查的基础上，根据需要向昆明市旅游发展委员会和云南大学等单位的相关行政管理人员、专家学者以及昆明市的部分旅游企业管理人员、石林、九乡、世博园等景区的游客发放350份调查问卷（共回收316份有效问卷），进而对各指标的重要性程度评分，在假设目标层权重为1.0的基础上，以1—9标度法构建判断矩阵，并进行一致性检验，检验结果一致性比例都小于0.1，表明一致性可以接受。进而可以计算得出单排序和总排序的结果，初步获得各指标的权重。详见表8-1。

表8-1　　　　　　　　旅游公共服务水平指标总排序

第三层次 第二层次	效能水平 0.153	效率水平 0.454	公正性水平 0.269	可持续性水平 0.124	总排序
X1	0.000	0.051	0.000	0.000	0.011
X2	0.000	0.051	0.000	0.000	0.011
X3	0.000	0.051	0.000	0.000	0.011
X4	0.000	0.367	0.439	0.000	0.103
X5	0.014	0.000	0.000	0.000	0.014
X6	0.075	0.000	0.000	0.000	0.016
X7	0.261	0.000	0.000	0.000	0.066
X8	0.261	0.000	0.000	0.000	0.066
X9	0.075	0.000	0.000	0.000	0.016
X10	0.314	0.000	0.000	0.000	0.107
X11	0.000	0.156	0.000	0.000	0.043
X12	0.000	0.156	0.000	0.000	0.043

第三层次 第二层次	效能水平	效率水平	公正性水平	可持续性水平	总排序
	0.153	0.454	0.269	0.124	
X13	0.000	0.084	0.000	0.000	0.020
X14	0.000	0.084	0.000	0.000	0.020
X15	0.000	0.000	0.187	0.000	0.061
X16	0.000	0.000	0.187	0.000	0.061
X17	0.000	0.000	0.187	0.000	0.061
X18	0.000	0.000	0.000	0.281	0.081
X19	0.000	0.000	0.000	0.281	0.081
X20	0.000	0.000	0.000	0.219	0.054
X21	0.000	0.000	0.000	0.219	0.054

资料来源：笔者计算整理。

注：计算判断矩阵的特征值及对应的特征向量在 EXCEL2003 中进行，从网址 http://digilander. libero. it/foxes/SoftwareDownload. htm 下载并安装一个矩阵运算宏包（MatrixL. zip）。

第三节　昆明市旅游公共服务体系评价的实证分析

一　数据来源

历年《云南统计年鉴》《昆明统计年鉴》《昆明年鉴》《中国财政年鉴》和《中国旅游年鉴》。另有部分数据从相关主管部门获取。

二　数据处理

本节采用的研究数据部分是可以直接获得的，另一部分则需要经过综合计算获取，各个指标数据（见表 8 - 2）及其获取方法如下：

表 8 – 2 　　　　　　　　　　　　指标体系

指标符号	指标名称
X1	旅游咨询中心接待量
X2	通讯服务水平
X3	公共信息软件服务水平
X4	铁路、公路以及民用服务
X5	城市公共汽车服务
X6	出租车服务
X7	轨道交通服务
X8	住宿和餐饮服务水平
X9	文化服务水平
X10	金融服务水平
X11	商业服务水平
X12	公共安全供给水平
X13	旅游保险服务水平
X14	公共安全硬件条件
X15	目的地旅游政策法规完备程度
X16	旅游从业人员文化程度
X17	旅游质量保障水平
X18	旅游目的地游憩设施服务
X19	公共景观服务水平
X20	公共服务基础设施建设水平
X21	医疗服务水平

资料来源：笔者设计。

X1 旅游咨询中心接待量：用年接待国内外游客数表示，单位为万人次。

X2 通讯服务水平：用每百户城镇居民拥有移动电话数量表示，单位为部。

X3 公共信息软件服务水平：用信息传输、软件和信息技术服务业从业人员年末人数表示，单位为人。

X4 铁路、公路以及民用服务：用铁路、公路及民用航空的游客运输总量表示，单位为万人次。

X5 城市公共汽车服务：用目的地城市公共汽车日均客运量表示，单位为万人次。

X6 出租车服务：用全市出租车实有数量来表示，单位为辆。

X7 轨道交通服务：通过城市地铁线路长度表示，单位为千米。

X8 住宿和餐饮服务水平：用城市住宿及餐饮业从业人员年末人数表示，单位为人。

X9 文化服务水平：用城市文化产业从业人员数表示，单位为人。

X10 金融服务水平：用金融业从业人员年末人数表示，单位为人。

X11 商业服务水平：用消费品零售总额占 GDP 的比重表示。

X12 公共安全供给水平：用金融机构人民币存款余额表示，单位为亿元。

X13 旅游保险服务水平：用城市保险深度表示，单位为%。

X14 公共安全硬件条件：通过公共财政安全方面的支出表示，单位为万元。

X15 目的地旅游政策法规完备程度：用城市旅游服务管理条例及办法的部数表示，单位为部。

X16 旅游从业人员文化程度：用旅游从业人员占第三产业从业人员的比重表示，单位为％。

X17 旅游质量保障水平：用旅游投诉结案率表示，单位为％。

X18 旅游目的地游憩设施服务：用城市园林绿地面积表示，单位为公顷。

X19 公共景观服务水平：用城市免费公园个数表示，单位为个。

X20 公共服务基础设施建设水平：用城市公共厕所数量表示，单位为座。

X21 医疗服务水平：用城市卫生技术人员表示，单位为万人。

由于有 2 项指标（X5、X7）数据存在缺失，需要重新计算分值。由于不同指标数据的量纲和数量级不同，根据研究需要，将对各个指标的数据进行标准化处理，得出相应指标的评价值，计算方法如下：

$$V_{ij}, \quad V_{ij} = [(V_{ij}) - \min(V_{ij})] / [\max(V_{ij}) - \min(V_{ij})]$$

综上，可以计算出各个指标评价值，如下表所示。

表 8 – 3　　　　昆明市 2005—2014 年旅游公共服务

纵向评价各指标基础评价值

年份 指标	2005	2006	2007	2008	2009	2010	2011	2012	2013	2014
X1（万人次）	0.08	0.13	0.24	0.38	0.49	0.55	0.67	0.85	0.92	1.00
X2（部）	0.14	0.26	0.37	0.43	0.56	0.69	0.78	0.87	0.95	1.00
X3（人）	0.07	0.12	0.25	0.39	0.46	0.57	0.69	0.83	0.94	1.00
X4（万人次）	0.24	0.32	0.49	0.60	0.71	0.82	0.91	0.93	0.98	1.00

续表

指标＼年份	2005	2006	2007	2008	2009	2010	2011	2012	2013	2014
X6（辆）	0.94	0.91	0.95	0.96	0.98	0.96	0.99	0.97	0.98	1.00
X8（人）	0.85	0.89	0.92	0.96	0.95	0.94	1.00	0.99	0.98	0.97
X9（人）	0.93	0.95	0.92	0.91	0.94	0.97	0.99	1.00	0.97	0.98
X10（人）	0.87	0.90	0.93	0.96	0.99	1.00	0.98	0.96	0.97	0.96
X11（%）	1.00	0.91	0.93	0.82	0.84	0.87	0.92	0.96	0.93	0.92
X12（亿元）	0.25	0.38	0.49	0.58	0.62	0.73	0.86	0.91	0.98	1.00
X13（%）	0.19	0.34	0.28	0.25	0.78	0.62	0.52	0.72	0.87	1.00
X14（万元）	0.49	0.53	0.64	0.72	0.78	0.82	0.84	0.86	0.95	1.00
X15（部）	0.63	0.73	0.72	0.79	0.84	0.86	0.89	0.93	1.00	
X16（%）	0.29	0.38	0.67	0.83	0.92	1.00	0.69	0.48	0.22	0.00
X17（%）	0.30	0.43	0.49	0.33	0.49	0.53	0.69	0.77	0.88	1.00
X18（公顷）	0.38	0.43	0.49	0.57	0.68	0.73	0.82	0.91	0.96	1.00
X19（个）	0.54	0.65	0.68	0.73	0.78	0.83	0.89	0.94	0.98	1.00
X20（座）	0.49	0.59	0.64	0.69	0.76	0.79	0.81	0.93	0.98	1.00
X21（万人）	0.32	0.39	0.79	0.89	0.86	0.69	0.74	0.86	0.88	1.00

资料来源：笔者测算整理。

三 评价结果及分析

经过加权求和，即可得到昆明市 2005—2014 各年度旅游公共服务水平的综合评价得分，详见表 8 - 3、图 8 - 2 和图 8 - 3。

表 8 - 4　昆明市 2005—2014 年旅游公共服务水平综合评价得分表

指标＼年份	2005	2006	2007	2008	2009	2010	2011	2012	2013	2014
效率水平	0.08	0.09	0.06	0.08	0.09	0.12	0.14	0.17	0.19	0.22
效能水平	0.00	0.03	0.12	0.18	0.21	0.25	0.28	0.32	0.41	0.47
公正性水平	0.04	0.03	0.06	0.13	0.14	0.19	0.29	0.31	0.37	0.39
可持续性水平	0.01	0.02	0.09	0.29	0.31	0.39	0.57	0.69	0.88	0.98

续表

年份 指标	2005	2006	2007	2008	2009	2010	2011	2012	2013	2014
旅游公共 服务总水平	0.03	0.07	0.12	0.19	0.25	0.28	0.34	0.41	0.48	0.52

资料来源：笔者测算整理。

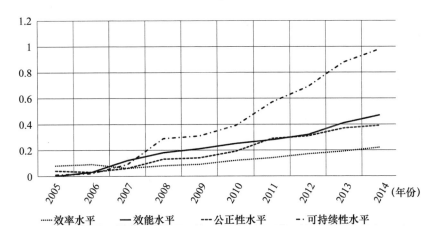

······效率水平　　——效能水平　　- - -公正性水平　　-·-可持续性水平

图 8 - 2　昆明市 2005—2014 年各项旅游公共服务水平发展趋势

资料来源：笔者设计。

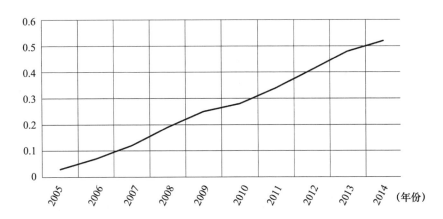

图 8 - 3　昆明市 2005—2014 年旅游公共服务总水平发展趋势

资料来源：笔者设计。

从旅游公共服务总水平的变化走势看，2005 年以来，昆明市旅游公共服务总体水平呈现平稳上升的趋势。从分类水平上看，旅游公共服务的效能、公平性和可持续性有逐步上升的趋势，但是旅游服务效率水平波动较大。

其中，效能水平在 2005 年和 2006 年间发展较为缓慢，2006 年以后持续增长。反映了以快速二环系统等为标志的昆明市旅游基础设施的建设和投入使用是昆明旅游产业发展的重要保障。

公正性水平在 2005—2006 年期间有所下降，其他年度基本呈现上升态势。这反映了为保证旅游者、当地居民和相关旅游企业可以获得相对公平的旅游公共服务，昆明市从财政投入上充分考虑了旅游公共服务资源配置的公平性。

可持续性水平呈现平稳上升的趋势，说明 2005 年之后，昆明市以旅游资源和环境生态保护为代表的可持续水平得到了持续提升。

服务效率水平 2005—2009 年期间是徘徊不前，其中 2006—2007 年间甚至出现了较为明显的下降。说明昆明市的旅游行政服务发展不稳定，具体表现为政府公共服务意识不强，对旅游公共服务体系建设的重视程度不高等，这也成为昆明市旅游业发展的"短板"。

四　分析结论

（1）为了提高旅游公共服务效能，有必要在旅游发展过程中明确旅游公共服务的基础地位。在昆明旅游产业发展过程中，必须持续强化旅游公共服务的观念，不断完善旅游公共服务体系。

（2）深化旅游公共财政的体制机制改革，是提升公正性和可持续性的重要抓手。公共财政体制改革重点在于：一方面，建立旅游财政机制的公共服务导向性，进一步合理界定中央及地方旅游财政税收管理权限，可以有效保证持续的旅游公共服务收入来源；另外，应该不断优化旅游产业财政支出的结构，确保资金重点投向市场无法满足的公共服务领域。另一方面，要科学地制订确保旅游公共服务投入的政策制度，积极开展旅游公共服务投入过程及实施效果监测，开展绩效评估工作，以保障旅游公共服务投入管理更加科学、规范。

（3）加强旅游公共服务体制机制改革是提高效率的最为有效途径之一。引入竞争机制，打破旅游公共服务管理的部门分割状态，推动政府各部门和旅游公共服务相关主体利用各自资源、各自资金和各自优势，共同保障旅游公共服务供给。

第九章 昆明市旅游公共服务体系构建

第一节 昆明市旅游公共服务体系发展现状

一 发展背景

功能完备的公共服务体系是成熟的国际型旅游城市功能的题中应有之义和必要保障。为了把旅游产业建设成为"综合性产业"，各级旅游行政管理部门纷纷将建设和完善旅游公共服务的政策研究和相应子系统建设实践作为迫切而且重要的工作任务。将昆明建设成为世界知名旅游城市的重要前提条件之一是昆明市旅游发展建设必须提供与市情和市场相适应相配套的高水准旅游公共服务体系[①]。因此，昆明市旅游公共服务建设应顺应形势，高位统筹，强力推进，从政策层面提高旅游公共服务体系建设的支持力度，有效推动昆明市旅游公共服务绿色、健康、快速和均衡发展。

近年来，昆明市旅游产业集聚区建设加快，旅游通达性极

[①] 李凯、孙荣华：《边疆民族地区省会城市的旅游公共服务评价模型及指标体系——以昆明市为例》，《西南边疆民族研究》2017年第2期。

大改善，国际知名旅游城市形象不断彰显。与此同时，昆明市旅游业发展还存在产业大而不强、目的地功能不明显、游客满意度偏低、项目同质化严重等问题。在此背景和形势下，省级与市级层面不断出台相关政策旨在推进昆明市旅游公共服务的发展。云南省人民政府于 2022 年 5 月印发《云南省"十四五"文化和旅游发展规划》，明确要加强旅游交通基础设施与城乡旅游公共设施建设，同时在旅游公共服务设施建设改造中提升文化内涵，进而提升旅游公共服务新功能，推进公共服务高质量发展。随后，昆明市人民政府于 2023 年 2 月颁布《昆明市"十四五"文化和旅游发展规划》，提出全市将构建"1 + 5 + 9 + N"四级文化和旅游集散服务体系，重点建设昆明国际文化和旅游集散服务中心，结合各县（市）区下辖的 138 个乡镇（街道）文化站、4A 级以上旅游景区，在全市布局若干个文化和旅游公共服务中心。昆明市作为云南省乃至中国西南地区旅游目的地体系中的旅游集散中心和旅游枢纽，亟需适应未来旅游市场日益增长的需求，切实优化旅游公共服务体系，以满足昆明市旅游业转型升级和提升区域竞争力的需要，为将昆明市建成世界级旅游目的地打下坚实基础。

（一）昆明市旅游公共服务体系的主要构成

与国家旅游局的相关指标相一致，并与发展实际相适应，经整理归纳，昆明市的旅游公共服务主要由信息咨询、安全保障、交通便捷、便民惠民以及行政服务五大服务板块（也称五大子系统）构成。

信息咨询体系包括网络信息（数字旅游）、咨询服务（旅游信息公共服务）、旅游标识和导游解说服务等。

安全保障体系包括旅游安全环境、应急处置、安全设施和安全机制等方面的建设。

交通便捷服务体系主要包括旅游交通节点建设、交通通道建设、交通服务等方面的内容。

便民惠民体系包括旅游便民设施建设维护、旅游志愿服务、免费游憩场所建设、旅游惠民政策等。

行政服务体系包括旅游行业标准化、规范化建设及相关评定服务，旅游服务工作者教育培训、旅游者消费权益保障服务等。

（二）完善昆明市旅游公共服务体系建设的重要意义

1. 功能完备的旅游公共服务体系是建设世界知名旅游城市的基础保障

"十四五"期间，昆明围绕建设"中国春城、历史文化名城、国际大健康城市、区域性国际中心城市、国内一流、国际知名旅游目的地、面向南亚东南亚的人文交流中心和国际旅游中心"的发展目标定位对昆明旅游建设发展提出了新的更高要求。旅游公共服务体系的完善与否，是评价一个城市旅游业发展水平高下和产业服务质量优劣最为基础的指标之一。不断优化提升旅游公共服务，有利于充分发挥昆明市在国际区位、气候条件、旅游资源和政策利好等方面的优势，有利于把握"一带一路"倡议、长江经济带战略、西部陆海新通道等战略机遇，有利于加快昆明市旅游产业发展，为昆明旅游业的腾飞打下更为坚实的基础。

2. 运行良好的旅游公共服务体系是昆明市旅游产业转型升级的重要举措

传统旅游业态为游客提供的多为"一条龙"的全产业链的旅游产品服务，以游客组团、导游带队、大巴行进、订单消费的方式来引领游客游玩，旅游要素被旅行社控制。随着旅游出行方式的颠覆和电子商务的发展，传统的旅游模式已经不能适应发展的要求。因此，依靠技术创新和制度创新来优化旅游公共服务，进一步完善旅游基础设施建设，制定和推广旅游服务的行业标准，有效提升旅游行业运作能力和管理水平，突破传统的旅游服务模式，构建以政府为主导、以市场为主体、社会共同参与的新型旅游公共服务发展模式，才能解决昆明市旅游业入境旅游人数逐年下降、与周边城市竞争落后、旅游目的地老化、高端旅游资源稀缺等方面的问题，有效应对市场挑战，推动旅游产业的提质增效。

3. 完善的旅游公共服务体系是满足公众需求的必然选择

昆明市旅游长期以来都是以团队游客为主，游客都是跟团旅游，行程都由旅行社来安排。随着经济的发展，团队游客越来越少，如今的散客已经占到昆明游客的 80% 以上，而现阶段的自助游由于缺乏准确的信息指引和方便快捷的旅游交通集散网络，导致为数众多的自助旅游者在旅游过程中体验不佳、效率低下，进而导致游客满意度不高。因此，优化建设旅游公共服务体系，完善自助游的相关配套，建立规范的自助旅游发布系统，对游客进行引导和宣传，让游客知晓昆明旅游资源"有什么、在哪里、怎么走"，为广大公众提供"各取所需"的"自助式、个性化、智慧型"服务，这是现代旅游公共服务体系构建的重要内容，也是提高游客满意度，把旅游产业建设成为人民群众更为满意的"综合性产业"的必然选择。

二　建设成效

（一）信息咨询服务内容不断丰富

文旅信息公共服务中心建设渐成体系。2019 年 11 月，昆明市首个旅游信息公共服务中心正式更名为昆明文化和旅游公共服务中心，同时该中心加设了四个不同的主题空间，延伸了文旅公共服务中心的功能。依托此类文旅信息公共服务中心的建设，昆明正进一步完善文旅信息公共服务体系，丰富旅游公共服务内容，提升旅游公共服务质量与水平。同时计划未来在机场、交通枢纽、商业中心、重点景区等游客集散场所建设更多的旅游服务中心，为游客提供旅游信息发布与查询、线路安排、自助游集散、旅游投诉处理、餐饮等旅游咨询及相关配套服务的综合服务。旅游信息公共服务中心充分盘活社会公共服务资源，与机场交通运输部门、火车站、外币兑换、邮政集团等服务机构进行有效整合，丰富完善服务内容，真正成为市民、游客的"旅游之家"。旅游信息公共服务中心除了提供咨询服务、交通运输、住宿、餐饮、购物、旅游高峰预警和信息发布等"一站式"服务以外，由于其独特的地理位置，中心一定程度上发挥了人员集散的功能，市民、游客可以方便换乘机场交通大巴、火车、飞机、汽车等旅游交通工具。

"数字旅游"平台建设持续推进。自"数字旅游"信息化建设项目启动后，昆明市不断加大力度持续推进"数字旅游"平台建设，截至2019年，数字旅游平台已经累计包含景区、酒店、旅行社等涉旅企业在内的2300余家企业基本信息。收集出境、国内、省内等团队行程信息1017万余条，1500万条调度信息，备案通过在售旅游线路产品2.99万个，签署旅游电子合同6.1万份，签署合同金额8.4亿元。通过推进"数字旅游"平台的建设进而解决三大问题：一是实现旅游产品升级，通过平台化运营实现资源整合和产品创新，解决旅游产品老化、停留天数少和消费低的问题，努力将昆明从旅游中转站变为旅游目的地；二是规范旅游管理，引入新技术、新手段进一步规范经营行为，强化对产业发展的监测能力；三是提升城市旅游品牌，实现目标市场的精准营销。

"智慧旅游"稳步发展。截至 2022 年，昆明市围绕"一部手机游云南"项目，建成智慧景区 22 个、智慧厕所 102 个、智慧停车场 12 个、接入慢直播 127 个。将打造智慧景区作为智慧旅游产品开发的重点，推动石林、世博园、民族村等 37 个景区的智慧化建设取得了初步成果。同时昆明市积极将最新的科学技术融入文旅产业，通过智慧化和最新的声光电技术增强旅游景观价值，持续打造高 A 级景区，塑造个性化、辨识度高的世界级超级旅游 IP，提升旅游目的地产品质量和水平，稳步推动昆明从旅游过境地向旅游目的地转身。

旅游志愿服务制度化常态化。导游协会按照《昆明市精神文明建设指导委员会关于印发〈昆明市志愿者注册管理办法〉〈昆明市志愿服务培训办法〉〈昆明市志愿服务记录办法〉〈昆明市志愿服务激励回馈管理办法〉等 4 个文件的通知》，结合旅游行业实际情况，提出昆明市旅游行业志愿者服务方案。志愿者提供的服务有景区景点定点公益讲解、观光巴士公益讲解等。志愿者还定期在昆明市旅游公共服务中心，为到访市民、游客提供各类旅游咨询服务。另外，旅游公共标识指示系统遍布城区和景区主要交通要道，景区解说标识标牌、游客服务中心和游憩公共设施配备情况较好。

（二）安全保障服务不断完善

率先成立"旅安委"。昆明市旅发委成立旅游安全委员会，按照安全生产、消防、道路交通、食品卫生、森林消防等安全工作部门的工作要求开展旅游安全工作。"旅安委"的日常运作体系包含了旅游行程事前、事中、事后的全面安全和日常的管理监督工作。扭转过去旅游安全工作重点是对旅游行程事中、事后的处理的被动局面，进一步加强源头（事前）的预防和管控。

昆明市在全国省会城市中率先成立了旅游突发事件应急指挥中心，指挥中心作为指挥和协调旅游安全预警、突发性事件的预防和应急处置工作的专门机构，协调组织市级有关部门参与突发事件的处置和调查工作。

全面实施"平安旅游"工程。昆明市为妥善解决群体性事件，进一步完善旅游安全管理服务工作机制，全面启动实施"平安旅游"工程，形成比较完善、运转流畅的旅游紧急救援、旅游保险保障系统，全力为旅游者营造安全放心的旅游环境。此外，昆明市大部分景区安全保障服务比较完善。如：团队游客旅游保险基本全面覆盖，在游客集中和有安全隐患的游览地段配备专职安全保护人员等。

（三）旅游通达性持续提升

截至 2023 年，昆明市已经建成公路里程 22487 千米，其中，高速公路约 1251 千米，二级和以上公路 2759 千米，公路网密度约达每百平方千米 108.94 千米，"七出省、五出境"公路网初步形成，以高速公路为公路网主骨架、普通国省干线为基础、县乡道为支撑的层次分明、脉络清晰的"环线" + "射线"的公路网结构基本构建。昆明市正着力推进县县之间、乡镇之间、重点开发区域、重要交通节点等公路建设，推动福宜、三清、长龙等 7 条"能通全通"和"互联互通"高速公路建设，"十四五"末预计新增通车里程约 329 千米，力争全市高速公路里程突破 1500 千米。

根据 2023 年全国千万机场旅客吞吐量数据，作为中国西南地区唯一的国家门户枢纽机场，昆明长水国际机场旅客年吞吐量为 4192.52 万人次。此外，2023 年 4 月昆明长水国际机场飞行区改扩建工程获得批准，同年 8 月航站区及北工作区配套工程初步设计及概算获得中国民航局和云南省政府联合批准，建设内容除新建 73 万平方米的 T2 航站楼和跑道、滑行道系统外，还将建设 8 万平方米的综合交通中心（GTC）、30.9 万平方米的停车楼、7.8 万平方米的地面停车场以及货运区、工作区等各类生产生活辅助设施及配套工程。这标志着未来昆明长水国际机场将满足年旅客吞吐 9500 万人次，货邮吞吐量 100 万吨，年起降架次 63.3 万架次。

城市公共交通方面，截至 2023 年，昆明市轨道交通运营里程达 165.85 千米、车站 103 座，城市轨道交通全线网累计客流 1.36 亿乘次，日均客流达 74.74 万乘次。公交车数量 15794 台，日均客运量 125 万人次。主城巡游出租汽车达 9637 辆，日均客运量约 36 万人次；已许可网约车平台 18 家、网约车 15750 辆。同时，昆明市目前正加快推进轨道交通 1 号线西北延和 2 号线二期建设，谋划打造"城际铁路 + 城市轨道交通"一体衔接的滇中城市群轨道交通系统，积极争取第三期建设规划获批。进一步提升城乡公共交通服务水平和保障能力。

昆明市市域共有 5 条高（快）速铁路、4 条普速铁路和 1 条米轨系统，运营里程 850 千米。2023 年上半年，昆明铁路旅客发送量 4427.1 万人次，货物发送量 3673.3 万吨；中老铁路累计发送旅客 851.3 万人，发送货物 962.1 万吨。目前，渝昆高铁昆明段、渝昆高铁长水机场站和昆明铁路枢纽西客站正推动建设，项目建成后，将成为昆明市建设区域性国际中心城市的重要支撑。

昆明市部分旅行社同时也成立了散客集散中心，依托交通线路、景区景点、酒店餐厅等资源优势和旅行社客源，补齐短板，做好市场配置、线下线上互动、规范经营管理、建好重点项目等工作。

（四）不断出台便民惠民措施

2022 年以来，围绕"疫情要防住、经济要稳住、发展要安全"的要求，云南文旅系统积极推进一揽子纾困恢复政策的落实、落地。为给文旅行业发展注入"强心剂"，云南通过在昆明市等 9 个州市年发放文旅消费券、商旅消费券、加油券等共计 1 亿元来激活文旅消费市场，推动文旅市场复苏。为让文旅消费券、加油券惠及更多用户，昆明市联合携程、同城、"游云南"、美团等平台共同发券，品类涵盖旅游景区、旅游住宿、旅游演艺休闲、旅游交通、旅游线路产品等，共同挖掘旅游市场潜力。

2023 年，昆明市推出近 700 项假期文旅活动、百余项惠民措施，营造浓厚的节日氛围。石林风景名胜区举行了中秋、国庆系列活动，通过民族文艺展演、汉服巡游、撒尼风情实景秀等，让游客在饱览美景的同时沉浸式体验石林生活；"国家级"漫展 CCG Wild 云南动漫游戏博览会在昆明世博园旅游区举行，通过探索"动漫＋文旅"，让游客感受少数民族文化和动漫融合的独有魅力；官渡古镇推出云子制棋非遗体验、创意集市等活动；野鸭湖度假区开展昆虫展、"虫出没"科普营活动等。

（五）行政服务措施稳步推进

截至 2023 年，昆明市公安局旅游警察支队正式挂牌成立已满 7 年。在此期间不断整改旅游景区安全隐患，保障游客合法权益，维护旅游市场秩序，加强文明旅游宣传引导，提升旅游市场监管和旅游公共服务水平。

昆明市旅游行政审批实现了全面网络化，审批流程得到进一步简化，审批时效进一步提高。行业协会充分发挥桥梁纽带作用，当好政府的参谋和助手，落实行业自律机制，积极开展行业调研工作，了解企业、游客需求，提出合理、有效的政策建议。建立服务质量动态考核制度，将旅游企业各种违法违规行为和表彰奖励情节进行量化计分考核，形成对企业和从业人员的动态评级，使评定等级成为旅游者选择旅游产品、旅行社调度资源、管理部门评优推先的重要依据。

旅游投诉受理机制较为完善。昆明市设置 96927 旅游投诉专线，实行 24 小时值班制度，与 12345 市长热线、96315 消费者投诉热线、110、120 等社会服务热线广泛联动。对网络、信件、转办件等渠道反馈的旅游投诉和诉求实行专人管理，限时督办。建立了"信誉保证金"监管机制、"先行赔付"制度和"云南旅游行业消费投诉联动"机制，相关行业协会认真履行"无理由退货"承诺。

2022 年 4 月，昆明市人民政府发布《关于 2022 年稳增长的若干政策措施》，涉及投资、消费、工业、服务业等 7 个领域共 24 条措施，其中包括设立规模 10 亿元的文旅产业发展基金。旨在深入实施"旅游业高质量发展三年行动计划"，支持重大文旅项目建设。出台文旅发展专项资金管理办法，对重大文旅项目建设给予贷款贴息、以奖代补等方式扶持。实施景区提档升级工程，加快新业态大型文旅项目建设，高水平建成一批半山（精品）酒店。推出"昆明人游昆明"系列活动，加快推广"多样昆明美丽家园"旅游热门打卡地图，包装推出一批旅游新线路和新玩法。加大夜游线路和产品推介力度，推出更多夜间公园、夜间剧场等文旅消费新产品。允许暂退旅游服务质量保证金的旅行社补足保证金期限延长，帮助旅游业市场主体纾困解难减负。

虽然昆明市在旅游公共服务体系建设方面已经取得了一系列成绩，但是距离"世界知名旅游城市"的目标仍有很大差距，仍存在不少问题，主要包括：旅游信息咨询线上、线下建设联动不够，咨询服务覆盖盲区较多；旅游安全保险涵盖不全，救援工作难协调，应急处置反应迟缓；旅游交通体系仍有待加强，"最后一千米问题"尚未完全打通；旅游行政服务是短板，研究投入严重不足等。

第二节　昆明市完善旅游公共服务体系建设的基本思路和主要目标

昆明市进一步提升完善旅游公共服务体系的建设工作以《云南省"十四五"文化和旅游发展规划》和《昆明市"十四五"文化和旅游发展规划》等文件要求为指导，完善旅游公共服务建设，提升旅游公共服务能力与水平，为把昆明早日建成世界知名旅游城市提供坚实保障。

一　建设思路

（一）以人为本，公益共享

昆明市发展旅游公共服务的出发点和落脚点是满足广大游客的旅游公共需求。完善昆明市旅游公共服务，要以广大游客的旅游需求为导向，始终坚持开放共享、以人为本的发展理念，不断优化旅游综合环境，还便于游客，让利于游客，使旅游更加安全、更加舒适、更加便利、更加惠民。

突出公益共享的原则，面对广大公众，坚持公共为重、共享优先。要妥善处理好旅游公共服务建设的专门性工作同旅游经济发展的常规性工作间的互动、协调和促进关系，把公益性原则体现到旅游公共服务建设中来。

（二）政府主导，广泛参与

政府和公共部门有责任向公众提供优质的旅游公共服务，各级政府作为建设旅游公共服务的责任主体应在旅游业发展中占主导作用。国内旅游公共服务相对完善的省市，政府主导的色彩更加明显。政府主导并不是要求由政府来包揽建设所有的旅游公共服务，而是由政府制定标准和准则，利用政府和市场之间的互补性，让社会力量参与提供服务，借鉴国外的经验，形成供给主体多元化的可持续发展的公共服务供给体制。

（三）科技支撑，人才培养

以高科技为支撑的智慧旅游是我国旅游业未来发展的一大趋势，简单地说，智慧旅游能够让广大游客借助移动终端上网设备，通过互联网、云计算、物联网等新技术，方便快捷且成本低廉地获取旅游目的地、旅游资源、观光活动等方面的信息，在共享经济的思维模式下，使旅游活动真正实现自导航、自助行、自导览、自游览、自导购。

同时，随着旅游业的快速进步和发展，旅游产业链不断扩张，对高素质旅游人才的需求随之增大①。昆明市要制定旅游人才发展战略规划，与高校和科研院所合作联动，实现旅游人才资源持续开发与旅游业长期稳定增长的良性互动。

---

① 陈思梦：《旅行社管理现状及发展对策》，《商场现代化》2014 年第 32 期。

（四）设施规范，标准统一

离开了规范化和标准化建设，旅游公共服务建设的普适性就无从体现。规范化的旅游公共服务设施和标准化的旅游公共服务操作流程是旅游公共服务体系成熟完善的标志，其对于提升旅游公共服务水准、加快世界知名旅游城市建设具有重要意义。

二 主要目标

（一）近期目标（到2025年）

到2025年，基本建成一套供给丰富、便捷高效的昆明市现代旅游公共服务体系。通过高质量的旅游公共服务不断提升"春城花都"品牌影响力，持续推进旅游公共服务与文化属性的结合，实现昆明旅游和文化高质量融合升级，成为国内一流、国际知名的旅游目的地、面向南亚东南亚的人文交流中心和国际旅游中心，具体措施如下：

1. 成立协调机构和运营管理机构

首先，高位统筹，顶层设计，成立专门的协调机构，解决跨区域、跨部门的旅游资源保护、开发、利用和市场监管等问题。对旅游公共服务体系的规划、建设，以及资金、土地等要素保障、税收优惠政策等各个方面都要明确责任部门，便于工作顺利推进。其次，成立专门的管理运营机构，对建立的旅游公共服务设施和标准等进行管理和运营，同时加强旅游公共服务与文化服务的结合，实现旅游与文化的高质量融合发展，以期更为多元化地发挥公共服务的功能。

2. 建立规范统一的旅游公共服务体系

应综合考虑辐射功能、客源区位、资源区位以及交通区位等因素，建立全面覆盖、功能完善、运转规范的全昆明旅游公共服务中心三级体系，包括：旅游服务中心站（一级站）、旅游服务站（二级站）和旅游服务网点（三级站）。其次，建立适应昆明市旅游业发展的旅游公共服务标准化管理运行的体制机制，形成合理完善的旅游公共服务标准体系和标准实施体系，制定一批体现昆明旅游特色的地方标准，培养一支旅游标准化人才队伍，促进昆明市旅游服务质量、管理水平和产业竞争力的全面提高，形成建设世界知名旅游城市的技术支撑和保障体系。

3. 持续加大财政投入增强旅游造血功能

财政部门应当调整资金投入方向，为旅游业优质快速发展打通健康长效的财政资金渠道，加大对旅游公共服务建设资金支持力度。随着旅游公共服务体系建设的推进和旅游信息化程度的不断提高，可以考虑通过旅游公共设施的运营收益反哺旅游公共服务建设，减少政府投入，以期最终可以自负盈亏。

（二）远期目标（到 2030 年）

通过对近期工作的不断总结、反复论证、延伸推进，形成可复制的旅游公共服务建设模式或经验，进而以昆明主城区为龙头，推广到全市各县区，从而完全建成一整套供给丰富、便捷高效的昆明市现代旅游公共服务体系。后续通过对旅游公共服务的五大子系统进行持续深入的跟踪研究，总结归纳整理出一套合理、系统、可行的建设方案，从整体上完善旅游公共服务五大体系建设。通过旅游公共服务的高质量发展进而做大做强昆明文化和旅游产业，以更大手笔推进"旅游革命"和旅游业转型升级，当好云南旅游产业国际化的"排头兵"，引领带动全省文化和旅游高质量跨越式发展。

第三节 昆明市旅游公共服务体系的优化路径

一 全面加强组织保障

（一）建立综合协调机制

比照国务院旅游工作部际联席会议，成立类似的协调机构，吸纳省级相关委办厅局为成员单位，统筹推进旅游业的改革和发展，对昆明市旅游工作进行宏观指导，提出方针政策，协调解决重大重要问题。

（二）成立专门高效的运营管理机构

成立由政府主导，各个旅游行业协会共同发起的非营利性的社会运营管理机构，承担旅游公共服务中心建设过程中的具体工作，并制定统一的建设标准和服务规范。

运营管理机构负责协调推进，加快推进覆盖全市、功能完善、分工明确的三级旅游公共服务体系的构建。旅游服务中心（一级站）主要布局昆明市的交通要道和客流密集地，建立三到五个站点。对于旅游服务中心（一级站）的建设，主要由政府投资建设，委托非营利性的社会运营管理机构招聘管理服务人员。旅游服务站（二级站）建立在主要景区或者县区的交通要道。对于旅游服务站（二级站）由区县、景区等共建，市政府补贴部分资金，以县区或景区为主负责日常运营服务。旅游服务网点（三级站）主要建在旅行社、旅游汽车公司等的门市和酒店大堂等处。对于旅游服务网点（三级站）的建设，由市政府通过挂牌认证的方式确定建设单位和地点，进行市场化运作，并由建设单位负责日常管理。

（三）鼓励社会参与，推进 PPP 建设

进行旅游公共服务建设时，给予企业一定的扶持政策。一

是给予财政资金支持。一种情况是，项目建设期间，政府可以作为投资主体之一，承担一定比例的项目资金支出；另一种情况是，项目运营期间，政府可以直接付费购买公共服务。二是给予融资政策支持。对特定项目，政府可以给予贷款贴息、抵押担保等融资方面的政策支持，还可以出面协调金融机构给予企业融资与顾问等方面的服务。三是给予特许经营政策支持。对部分项目，如开放性景区公园、公共停车场，可按照法律法规规定实行特许经营。四是给予资源配置支持。对一些投资巨大的项目，单靠收费无法在合理期限内收回成本，而政府无法承担巨额补贴时，可以对企业进行资源配置，如通过配置符合监管要求的广告投放、商铺店面、物业或活动冠名等经营权，增加企业在合理期限内的经营收入，减缓项目建设的投资压力。

二 完善专项规划建设

昆明市现行的各式旅游规划方案基本没有涉及旅游转型时期昆明市旅游的现状特点和发展趋势，更缺乏专门针对旅游公共服务体系建设的内容。因此，有必要参照国家旅游局十二五专项规划的做法，对昆明市旅游公共服务体系建设进行专项规划。

（一）旅游公共服务中心规划和建设

旅游公共服务中心作为一个综合性平台，由展示中心、咨询服务、旅游集散、旅游投诉、应急救援、数据中心以及旅游综合服务区等七大板块构成。

旅游展示中心是游客了解昆明的主要途径，是政府宣传昆明的重要窗口。旅游咨询服务中心的功能主要是为游客提供综合的旅游信息咨询服务。该中心在建设过程中，除了政府主导外，还可以广泛与网络运营商、社会传统媒体等开展合作。旅游集散中心把旅游产品、游客、旅游信息和旅游资金等要素整合在一起，以标准化操作满足市民和旅游者个性化旅游需求。旅游集散中心在建设过程中可以和客运站等客运中心相互融合，形成一个系统、功能强大的客运集散网络。

对于旅游展示中心、咨询服务中心、集散中心这些公共服务设施，可采用融资性质的 BOOT 和 BOO 相结合的方式进行建设，企业进行融资、建设，并拥有一定期限的运营权或者拥有永久运营权，以此来获得公共服务设施建设的资金，同时留给企业一定的利润空间。

旅游投诉中心和旅游应急救援中心将开展旅游投诉受理等行政服务，建立完善旅游应急救援的各种机制，完善安全控制和应急救治体系等。对于旅游投诉中心和旅游应急救援中心，通过合资合作或者外包作业，把政府原有的应急救援机构和社会资本合作共建专门的旅游投诉中心和旅游应急救援中心，或者把其中的部分救援工作交给专业公司来运作。一方面，可以发挥政府或专业公司在应急救援方面应有的作用；另一方面，还可以获得社会资金和支持。

旅游数据中心是形成昆明旅游公共信息数据资源库，实现旅游公共服务信息的采集、处理、发布、利用的规范化和智能化的有效载体。对于旅游数据中心，可以通过非融资性质的外包作业，把这项业务外包给专业公司，不仅节约资金，还可以提高效率。但政府必须对这个数据中心进行严密监管，以防虚假信息、信息泄露和信息盗用。

旅游综合服务区将建立专业配套，集酒店（休息区）、餐饮、服务、文化推广、生活等于一体的现代化旅游综合服务区。

另外，抓住机场候机楼和东部客运站改造工程的时机，逐步开展试点工作，把公共服务中心的功能融入其中。同时，通过进一步了解游客需求，结合"十三五"规划的制定，对旅游公共服务五大体系的建设进行专项规划和整体研究，形成一套系统、可行的方案。

（二）旅游公共服务标准化建设

1. 完善旅游服务标准，引领行业规范发展

结合昆明市旅游公共服务需求，加大力度制修订各类相关旅游服务标准。强化政府和协会在标准制修订过程中的引导作用，积极发挥社会团体和企业的积极性。注重国际标准、国家标准、行业标准、地方标准等之间的协调性，运用标准化管理手段引领行业健康、规范发展。

加快研究制定昆明市旅游公共服务体系建设标准和服务质量操作规范，明确旅游公共服务网络建设、硬件建设、服务质量等的标准与规范，用于指导昆明市旅游公共服务体系网点布局、建设和服务质量管理。

2. 转变管理服务方式，创新标准化运行机制

发挥旅游服务标准在设施建设、等级评定、服务要求等方面的作用，通过实施标准化管理，转变原有粗放式的管理服务模式，向规范化、精细化进行转型。此外，要进一步加强对标准实施过程的监督，通过常态化的检查和评估机制，引导消费者进行理性选择。

对旅游标准化实施过程中的权利、职责进行明确，使政府机构、行业协会、企业组织能够形成合力，通过加强组织协调，形成相互配合、共同推进的工作机制。充分利用广播电视、新闻报刊、网络媒体等媒介，动员社会公众力量参与支持旅游标

准化工作。

3. 实施标准化试点工程

积极申报旅游部门和质监部门的旅游标准化试点工作，形成政府强有力的领导机构，通过建立旅游标准化组织机构、工作方案、管理制度，形成政府引导、行业指导、企业主导、社会参与的旅游标准化建设。争取在全市范围内建立完善的旅游标准体系，在全行业内选取代表性企业进行标准化试点，将成熟经验向社会推广，实现全市旅游产业的提质增效。

4. 建立标准化信息共享平台

在昆明"数字平台"开辟"旅游标准化信息"专栏，实时更新发布昆明市及其他旅游发达城市旅游标准化建设的工作动态、政策走向，同时，将昆明市旅游标准体系下的所有标准和规范向全社会公开，提高昆明旅游业的标准化意识，推进昆明旅游业的标准化进程。

（三）道路和标识系统规划和建设

针对昆明市的交通拥堵状况，进行整体的城市规划，对部分老旧道路进行新建、改建或扩建，适量修建大型停车场、立体停车库、车行立交桥和地下通道等。参考重庆市的做法，对交通工具缴纳年费后，就可以在昆明市范围内的大多数开放式公路、绕城高速等畅行，缓解交通拥堵状况。

着力解决旅游出行"最后一千米问题"，从规划开始着手，确定科学合理的规划方案，避免末端长距离出行。综合利用轨道交通的优势，科学构筑、尽快形成轨道交通网络化布局。推广"袖珍公交"项目，重视发挥公共交通在"最后一千米"问题上的作用，扩大公交覆盖面、打通"微循环"，方便市民出行。同时还可以在地铁站附近建立公共自行车网点，通过公共自行车与地铁和公交站点无缝对接来解决最后一千米问题。

针对标识系统不完善问题，按照《昆明市主城区旅游标识系统规划》要求，落实"一个规划、一个标准、合理布局、科学连线、构筑网络"的建设原则，加速构建昆明市全方位、分层次、立体式旅游交通标识设置体系。设立中英文双语标识，在有需要的地方加上东南亚语标识。实现"外围方向指引、城区道路指引、景区分布导向指引"的标识导引系统。同时，可以借鉴台湾地区的做法，在适当距离的相邻景区之间，设置依照国际旅游惯例规定专门制作的景区介绍标牌，让景点之间产生联动效用。

（四）推进志愿者服务机制建设

把志愿者工作融入旅游公共服务建设中，让志愿者在旅游公共服务中心进行志愿活动，政府可以给予一定的补贴。打造专业志愿者团体，如在旅游公共服务中心建立大学生实习基地，形成长效机制，让学生参与社会实践的同时，为昆明培育更多的旅游人才。加大对旅游志愿活动的宣传动员，增强全市青年对旅游志愿者的了解和参与，积极引导他们主动参加昆明旅游设施保护、宣传城市形象的公益活动。统一旅游志愿者的标识，利用节假日、重大活动契机，组织他们在全市各大景区、商业街区以及旅游服务窗口开展公益服务。

三　建立综合考评体系

构建"官方＋协会＋游客"的考评体系，将官方的等级评定、旅游者的满意度和旅游行业协会考评有机结合，形成更为可信的考评结果，为旅游者提供更为权威和客观的信息，从而倒逼提升旅游公共服务体系建设质量和服务水平。

"官方评定"是指云南省旅游发展委员会制定出台的《旅游企业和从业人员的计分管理办法》，从 2016 年开始，云南省开始实施十分制的旅游产业年度计分管理，并以此作为管理和奖惩的依据。该办法的重点在于将考核结果与市场退出机制挂钩，一次被扣 10 分的旅行社、导游或购物企业将被强制退出市场。

"协会考评"是指旅游企业动态评价体系，从 2014 年开始，昆明市授权各旅游行业协会按照《昆明市旅游企业动态考评办法》，对旅游企业和从业人员实行动态计分管理，并依据考评结果按季度发布旅游"红黑榜"。

"游客评价"则指游客满意度评价意见。在具体操作层面，游客满意度评价依托昆明智慧旅游平台，结合电子导游证机制来实现。旅游者可以通过智慧旅游系统，对导游、司机和旅行社的服务质量等进行打分评价。通过后台数据汇集，最终形成对旅行社、导游等相关评价对象的累计评价。

旅行社、导游、旅游购物企业的综合考评结果，定期在昆明旅游网等发布平台实时发布。

四　增强自身造血功能

旅游公共服务的建设，主要依靠政府资金投入。政府要有专项规划，每年以 10% 左右增长的财政投入来推进旅游公共服务建设，并形成长效机制。建设初期可考虑从"昆明市旅游发展专项资金"中予以重点保障。

随着旅游公共服务体系的完善和社会化运作，通过电子商务、实体运营、代理服务等方法，加强自身造血功能，反哺旅游公共服务建设。通过长期运营，达到盈利状态，减少对政府的依赖。

五　借力昆明"智慧旅游"

基于"一个体系、一个中心、二个平台、三个平台应用"的主要思路建设昆明"智慧旅游",即:一个体系——智慧感知体系;一个中心——智慧云数据中心;二个平台——智慧云计算平台,智慧云计算应用支撑平台;三个平台应用——公共服务平台应用,决策支持平台应用,行业管理平台应用。适应发展趋势,借力"智慧旅游",助推昆明市旅游公共服务体系建设。

第十章 结论与展望

第一节 研究结论

作为衡量一个国家或地区旅游业整体发展水平高低的重要尺度，旅游公共服务的水平和质量[①]，与旅游产业的转型升级、政府职能的有效履行等现实问题紧密相关，并伴随着我国服务型政府的建设和旅游业的蓬勃发展，其重要的基础性地位日渐得到了重视和认同。旅游公共服务，已成为影响旅游决策形成、旅游活动开展、旅游目的实现甚至是游客满意度的主要因素。经过分析和研究，本书得出以下主要结论：

一、本书对旅游公共服务的理论分析基础和方法进行了有效探讨，认为"制度变迁""产权""交易费用""企业理论"等新制度经济学的理论对于旅游公共服务理论分析和体系构建具有高度适用性，对旅游公共服务体系的实践构建具有较强指导性。比如，本书立足我国旅游公共服务制度的变迁，解读并克服旅游公共服务供给发展的路径依赖，探索了旅游公共服务

---

① 叶全良、荣浩：《旅游公共服务供给制度变迁的路径依赖与创新选择》，《湖南社会科学》2012 年第 2 期。

供给制度创新的方向。

二、本书对旅游公共服务相关的核心概念进行了创新性的补充完善和区分辨析。创造性地提出了旅游公共服务供给侧改革和旅游公共服务需求的复杂性、碎片化、需求体系、需求偏好、需求表达、需求价值套装、供给侧与需求端的矛盾等概念和内容，并系统阐述了旅游公共服务体系的内涵特征、形成机理、发展路径、内在构成和相关影响，进一步丰富了旅游公共服务的理论基础和分析视角，对旅游公共服务体系的构建，做出了一定程度上的理论贡献。

三、本书初步构建了旅游公共服务需求系统。经过文献梳理分析，本书发现此前有关旅游公共服务的诸多论述，大多聚焦旅游公共服务供给而忽视旅游公共服务需求，重供给侧而轻需求端。通过大量篇幅的分析，本书认为，旅游公共服务体系因需求而发轫，需求系统是构建旅游公共服务体系的基石，对旅游公共服务需求研究的缺失或不足，将导致旅游公共服务供给的无效性或低效率。

四、本书在强化需求系统的基础上，进一步完善了保障系统和评价系统，丰富并完善了旅游公共服务体系的理论分析框架。从创新机制、激励机制、保障机制和风险控制四个方面对旅游公共服务保障系统（体系）进行了论述。本书还在对旅游者和专家学者进行问卷调查获取原始数据的基础上，通过对常用的旅游公共服务评价方法进行比较分析，选定层次分析法，建立指标体系，并据此建立旅游公共服务综合评价模型。

五、本书率先提出"旅游公共服务供给侧结构性改革"的概念，并且较为系统地分析研究了旅游领域供给侧结构性改革的核心、实质和重心，特别是对旅游公共服务供给侧改革的关键点进行了梳理和归纳。本书认为，旅游需求端的活跃和消费的升级将势必倒逼供给侧各方的改革和创新，旅游公共服务主动发力供给侧改革，从"景点旅游"向"全域旅游"转变，才能缓解旅游公共服务的供需矛盾，才能早日建成人民群众满意的现代服务业。

六、本书以昆明市旅游公共服务体系建设为研究案例开展实证研究。通过实地考察、问卷调查、专家访谈等方法，对昆明市旅游公共服务需求、供给、保障等进行调查，对昆明市旅游公共服务体系建设效果进行评价。本书发现，昆明市旅游公共服务体系建设取得明显成效的同时，主要存在旅游信息咨询线上、线下建设联动不够，咨询服务覆盖盲区较多；旅游安全保险涵盖不全，救援工作难协调，应急处置反应迟缓；旅游交通体系有待加强，"最后一千米问题"尚未完全打通；旅游行政服务是短板，研究投入严重不足等问题。本书建议从全面加强组织保障；完善专项规划建设；建立综合考评体系；增强自身造血功能；借力昆明"智慧旅游"等方面优化昆明市旅游公共服务体系建设，为旅游行政管理部门提供决策依据，以推动昆明市旅游公共服务实践，进而助力昆明旅游发展。

第二节　研究展望

旅游公共服务理论及其体系构建的研究对于当前推进供给侧结构性改革和促进旅游转型升级发展具有十分重要的价值。本书力求对该领域的研究做出探索贡献，但是，由于笔者受理论素养、知识结构、研究思维、时间精力、研究经费等因素的限制，本书还存在很多的稚嫩、缺陷和不足，需要在今后的研究工作中进一步拓展和完善。比较突出的不足，同时也是今后研究的主要方向表现在：

一、概念体系进一步优化。对于旅游公共服务的相关概念体系，还需要进一步优化、精确和完善。由于旅游界对旅游公共服务领域的研究时间较短，相关核心概念尚无定论，本书尝试对其中的部分概念、指标和方法进行了补充，但仍有明显欠缺，甚至是漏洞。未来的研究需要增强概念界定和识别指标的科学性、准确性。

二、研究对象需持续跟踪。对昆明市旅游公共服务体系建设的实证研究，由于缺乏足够的案例资料支撑，特别是评价模型相关指标原始数据的收集、整理十分困难，对本书的开展造成了一定影响。今后，笔者将持续跟踪案例地的发展变化，一方面弥补本书分析数据覆盖时间较短的缺陷，另一方面，也可以把握旅游公共服务体系建设的变化趋势和客观规律。与此同时，笔者拟将拓展研究对象，尝试针对不同的旅游目的地，对其旅游公共服务体系建设进行分类研究和实证比较。

三、评价研究进一步完善。旅游公共服务综合评价模型在本书的应用，除了需要加强数据获取的权威性和准确性工作以外，该模型自身的评价指标体系也需要进一步完善，包括指标设置的科学性、实用性和完整性，都需要在未来的研究中不断论证、检验和调适。

参考文献

一　著作

方福前：《公共选择理论——政治的经济学》，中国人民大学出版社 2000 版。

高鸿业：《西方经济学（微观部分）第五版》，中国人民大学出版社 2000 年版。

句华：《公共服务中的市场机制：理论、方式与技术》，北京大学出版社 2006 年版。

李军鹏：《公共服务型政府》，北京大学出版社 2004 年版。

李军鹏：《公共服务学——政府公共服务的理论与实践》，国家行政学院出版社 2007 年版。

李爽：《旅游公共服务体系建构》，经济管理出版社 2013 年版。

梁小民：《经济学大辞典》，团结出版社 1994 年版。

孙晓莉：《中外公共服务体制比较》，国家行政学院出版社 2007 年版。

王卓君：《政府公共服务职能与服务型政府研究》，广东人民出版社 2009 年版。

席恒：《利益、权力与责任——公共物品供给机制研究》，中国社会科学出版社 2006 年版。

徐菊凤：《旅游公共服务：理论与实践》，中国旅游出版社 2013 年版

俞可平：《治理与善治》，社会科学文献出版社 2000 年版。

曾维和：《当代西方国家公共服务组织结构变革——基于服务需求复杂性的一项探讨》，中国社会科学出版社 2010 年版。

中国旅游研究院、中国旅游协会：《中国旅游集团发展报告 2015》，旅游教育出版社 2016 年版。

中华人民共和国国家技术监督局：《旅游业基础术语》，GB/T 16766—200x，《中华人民共和国国家标准》，中国标准出版社 2008 年版。

竺乾威：《公共行政理论》，复旦大学出版社 2008 年版。

[美] 保罗·萨缪尔森、威廉·诺德豪斯：《经济学》，北京经济学院出版社 1996 年版。

[德] 柯武刚、史漫飞：《制度经济学》，商务印书馆 2000 年版。

[美] 戴维·奥斯本、特德·盖布勒，《改革政府：企业家精神如何改革着公营部门》，上海译文出版社 1996 年版。

[美] 道格拉斯·C. 诺斯：《经济史中的结构与变迁》，上海人民出版社 1994 年版。

[美] 卡尔·阿尔布瑞契特、让·詹姆克：《服务经济——让顾客价值回到企业舞台中心》，唐果译，中国社会科学出版社 2004 年版。

[美] 约拉姆·巴泽尔：《产权的经济分析》，上海人民出版社 1997 年版。

[美] 詹姆斯·M. 布坎南：《民主财政论——财政制度和个人

选择》，穆怀朋等译，商务印书馆 1993 年版。

［美］詹姆斯□ M. 布坎南：《自由、市场与国家》，上海三联书店 1993 年版。

［美］L. D. 戴维斯、D. C. 诺斯：《制度变迁的理论》，转引自《财产权利与制度变迁》，上海人民出版社、上海三联书店 1994 年版。

［美］T. W. 舒尔茨：《制度与人的经济价值的不断提高》，选自《财产权利与制度变迁》，上海人民出版社、上海三联书店（中译本）1994 年版。

［英］菲利普·海恩斯：《公共服务管理的复杂性》，孙键译，清华大学出版社 2008 年版。

Harrigan, J. J, Vogel, R. K. , *Political Change in the Metropolis*, New York：Longman, 2000.

Heckseher, C. , *The Post-Bureaueralie Organisation*：*New Perspectives on Organisational Change*, New Delphi：24, 1994.

Nada Korac-kakabadse, *Towards Electronic Service Delivery*：*Canadian, Australian and United Kingdom Government Initiatives*, Public Sector Reform：An International Perspective. New York：Palgrave, 2011.

二 期刊论文

蔡礼彬、罗依雯：《基于服务科学的旅游公共服务体系设计研究》，《山东社会科学》2019 年第 7 期。

曹晓慧：《呼和浩特市旅游公共服务体系建设策略研究》，《中外企业家》2015 年第 32 期。

常文娟、熊元斌、付莹：《论普适性旅游公共服务体系的构建》，

《生态经济》2015年第1期。

常文娟等：《旅游公共服务水平评价及实证分析》，《统计与决策》2015年第17期。

常文娟等：《论普适性旅游公共服务体系的构建》，《生态经济》2015年第1期。

陈宝胜等：《池州市旅游公共服务体系建设研究》，《科技视界》2015年第26期。

陈丹红等：《辽宁省旅游公共服务的系统构建与保障机制研究》，《沈阳航空工业学院学报》2010年第27期。

陈洁、吴琳：《国内旅游公共服务研究的文献计量和知识图谱分析——基于CNKI数据的分析》，《旅游论坛》2015年第6期。

陈洁等：《国内旅游公共服务研究的文献计量和知识图谱分析：基于CNKI数据的分析》，《旅游论坛》2015年第8期。

陈蕊：《西安残疾人旅游公共服务安全保障体系探析》，《现代交际》2015年第9期。

陈水生：《城市公共服务需求表达机制研究：一个分析框架》，《复旦公共行政评论》2014年第2期。

陈思梦：《旅行社管理现状及发展对策》，《商场现代化》2014年第32期。

陈文玉：《入境旅游者对苏州旅游公共服务体系满意度调查研究》，《产业与科技论坛》2014年第15期。

陈喜泉：《国际旅游岛旅游公共服务体系的建设与监管探究》，《产业与科技论坛》2015年第3期。

陈小英、曾志兰：《文化和旅游公共服务融合的理论与实践》，《福建论坛》（人文社会科学版）2020年第12期。

陈振明：《非市场缺陷的政治经济学分析——公共选择和政策分

析学者的政府失败论》，《中国社会科学》1998 年第 6 期。

陈志楣：《论公共经济存在的依据》，《中国特色社会主义研究》
2008 年第 4 期。

成岑等：《地方旅游公共服务运行机制分析——基于公共产品属
性的视角》，《旅游纵览（下半月）》2015 年第 1 期。

程道品等：《旅游公共服务体系与旅游目的地满意度的结构关系
研究——以桂林国家旅游综合改革试验区为例》，《人文地理》
2011 年第 26 期。

戴学锋、巫宁：《中国出境旅游高速增长的负面影响探析》，
《旅游学刊》2006 年第 2 期。

邓大才：《农业制度变迁路径依赖的特征及创新选择》，《经济
理论与经济管理》2001 年第 6 期。

邓小艳、邓毅：《大众旅游背景下旅游供给侧改革策略研究》，
《行政事业资产与财务》2016 年第 16 期。

董明月：《公共服务的"需求端"与"供给侧"》，《小康》
2016 年第 3 期。

董培海等：《关于"旅游公共服务体系"的解读——兼评我国旅
游公共服务体系建设》，《理论参考》2012 年第 9 期。

窦群：《我国旅游公共服务体系：从理论到实践的探索》，《旅
游学刊》2012 年第 27 期。

窦群：《我国旅游公共服务体系：从理论到实践的探索》，《旅
游学刊》2012 年第 3 期。

窦银娣等：《低碳旅游视角下旅游景区旅游公共服务体系的构
建——以湘西凤凰古城为例》，《衡阳师范学院学报》2013 年
第 6 期。

范绍庆：《行政学本土化：历史、生态和哲学的途径》，《行政

与法》2008 年第 6 期。

高凌江：《我国旅游公共服务体系建设研究——基于公共产品理论视角》，《价格理论与实践》2011 年第 10 期。

高楠、张新成、王琳艳：《中国乡村旅游公共服务水平时空格局与形成机理》，《地理科学》2021 年第 2 期。

高舜礼：《旅游宣传的薄弱与强化》，《旅游学刊》2015 年第 7 期。

格里·斯托克：《作为理论的治理：五个观点》，《国际社会科学》（中文版）1999 年第 2 期。

弓志刚、郭润、马慧强等：《旅游经济—旅游公共服务—人口城镇化耦合协调发展时空演化》，《统计与决策》2021 年第 9 期。

郭胜：《节事活动的旅游公共服务——以政府的视角》，《无锡职业技术学院学报》2008 年第 7 期。

郭晓东等：《中国智慧旅游研究综述》，《旅游论坛》2015 年第 9 期。

韩钟玉：《旅游公共服务体系构建中政府行为分析——以承德市旅游公共服务体系为例》，《河北民族师范学院学报》2015 年第 1 期。

何炬：《大众传媒视角下城市旅游公共服务体系的构建》，《新闻战线》2015 年第 10 期。

贺云：《县域旅游公共服务体系构建策略初探》，《价值工程》2014 年第 17 期。

侯晓丽等：《低碳背景下旅游公共服务有效供给机制刍议》，《商业时代》2011 年第 25 期。

胡洪彬：《台湾旅游公共服务体系及其对大陆的启示》，《台湾研究集刊》2013年第5期。

黎忠文等：《"数据流动"视角下智慧旅游公共服务基本理论问题探讨》，《四川师范大学学报》2015年第1期。

黎忠文等：《智慧旅游公共服务评价指标研究——以四川省为例》，《资源开发与市场》2014年第11期。

黎忠文等：《智慧旅游公共服务体系内涵及构建思考》，《商业时代》2014年第30期。

李炳义、梅亮：《城市旅游公共服务体系的构建》，《城市发展研究》2013年第1期。

李炳义等：《城市旅游公共服务体系的构建》，《城市发展研究》2013年第20期。

李辉等：《贵州少数民族地区旅游公共服务体系的建构》，《贵州商业高等专科学校学报》2015年第2期。

李建中等：《节事活动旅游公共服务第三部门供给研究》，《社会科学》2009年第10期。

李娟等：《泛旅游背景下旅游公共服务体系建设思考》，《旅游纵览（下半月)》2013年第4期。

李娟等：《丽江旅游公共服务体系建设与优化路径分析》，《商》2013年第3期。

李军鹏：《加快完善旅游公共服务体系》，《旅游学刊》2012年第1期。

李剀、孙荣华：《边疆民族地区省会城市的旅游公共服务评价模型及指标体系——以昆明市为例》，《西南边疆民族研究》2017年第2期。

李克强：《基于旅游公共服务的城市主题公园满意度研究——以株洲方特欢乐世界为例》，《衡阳师范学院学报》2015年第

3 期。

李萌：《基于智慧旅游的旅游公共服务机制创新》，《中国行政管理》2014 年第 6 期。

李明扬、苗丹、孙建丽：《浅谈环境经济手段》，《农家科技》（下旬刊）2013 年第 9 期。

李宁宁、张春光：《社会满意度及其结构要素》，《江苏社会科学》2001 年第 4 期。

李爽：《旅游公共服务有效供给的效率本质与实现研究》，《广东科技》2010 年第 10 期。

李爽：《旅游公共服务有效供给的效率本质与实现研究》，《广东科技》2010 年第 19 期。

李爽、黄福才：《旅游公共服务市场化与政府的作用研究》，《资源开发与市场》2011 年第 8 期。

李爽等：《城市旅游公共服务体系建设之系统思考》，《旅游学刊》2012 年第 27 期。

李爽等：《旅游公共服务：内涵、特征与分类框架》，《旅游学刊》2010 年第 25 期。

李爽等：《旅游公共服务多元化供给：政府职能定位与模式选择研究》，《旅游学刊》2012 年第 2 期。

李爽等：《旅游公共服务体系：一个理论框架的构建》，《北京第二外国语学院学报》2010 年第 32 期。

李爽等：《游客对大型节事活动旅游公共服务感知评价研究——基于第 16 届广州亚运会期间的考察》，《经济地理》2011 年第 31 期。

李晓：《苏州旅游公共服务体系构建实证研究——基于游客满意度视角》，《江苏商论》2012 年第 8 期。

李晓燕：《以旅游供给侧结构性改革 推动现代化经济体系建设研究》，《改革与开放》2019 年第 16 期。

李亚玲：《论科斯现代企业理论的发展趋势》，《中国经贸》2015 年第 22 期。

李阳：《主客共享美好生活——文化和旅游公共服务融合发展的实践、经验与展望》，《图书馆论坛》2021 年第 10 期。

李勇坚：《我国服务业的国际地位：动态视角》，《全球化》2016 年第 12 期。

连漪等：《旅游公共服务体系的完善程度与游客满意度研究》，《商场现代化》2009 年第 5 期。

梁茂林、骆华松、李芳、左宝琪：《云南边境旅游走廊构建研究》，《资源开发与市场》2016 年第 10 期。

刘昌雪等：《外国游客对中国城市旅游公共服务体系满意度评价——以苏州市为例》，《城市发展研究》2015 年第 7 期。

刘德谦：《关于旅游公共服务的一点认识》，《旅游学刊》2012 年第 1 期。

刘德谦：《关于旅游公共服务的一点认识》，《旅游学刊》2012 年第 27 期。

刘荣材等：《农村土地产权制度变迁模式选择的路径约束分析》，《农业经济》2007 年第 1 期。

刘少波、张文：《风险投资制度创新与路径选择——基于制度经济学分析框架的理论探讨》，《广西大学学报》2005 年第 3 期。

刘务勇：《制度均衡与制度变革》，《商业时代》2012 年第 4 期。

刘英团：《供给侧改革助推旅游业大发展》，《产权导刊》2016 年第 5 期。

刘宗坤等：《国内旅游公共服务研究综述》，《旅游纵览（下半月）》2015 年第 4 期。

柳光露等：《智慧旅游公共服务体系建设中微博营销的现状及对策》，《科技创新与应用》2015 年第 34 期。

柳云飞、周晓丽：《传统公共行政、新公共管理和新公共服务理论之比较研究》，《前沿》2006 年第 4 期。

卢洪友：《公共品供给的政府效率解及其条件分析》，《经济问题研究》2003 年第 3 期。

卢青等：《山东休闲体育旅游公共服务体系构建研究》，《山东体育学院学报》2014 年第 5 期。

吕龙丹：《非营利组织参与社会救助的 SWOT 分析》，《当代经济》2012 年第 8 期。

罗思东：《美国地方政府体制的碎片化评析》，《经济与社会体制比较》2005 年第 4 期。

马丁·米诺格等：《超越新公共管理（上）》，《北京行政学院学报》2002 年第 5 期。

马丁·米诺格等：《超越新公共管理（下）》，《北京行政学院学报》2002 年第 6 期。

马慧强、刘玉鑫、燕明琪等：《基于 SEM 与 IPA 模型的旅游公共服务游客满意度研究》，《干旱区资源与环境》2021 年第 6 期。

马慧强、燕明琪、李岚等：《我国旅游公共服务质量时空演化及形成机理分析》，《经济地理》2018 年第 3 期。

马慧强、张晓艳、王丽娟等：《山西省旅游公共服务模糊综合评价研究——基于游客满意度视角》，《资源开发与市场》2017 年第 7 期。

马庆钰：《公共服务的理性及其运作框架》，《国家行政学院学报》2005 年第 2 期。

马新书《满足心理需要培养健康心理》，《教学与管理》（中学版）2012 年第 9 期。

马勇，王佩佩：《关于"十三五"旅游投资创新的思考》，《中国旅游报》2016 年 2 月 24 日。

梅雪、詹丽、阚如良：《论政府主导与旅游公共服务》，《管理世界》2012 年第 4 期。

乔秋敏：《城乡一体化背景下我国农村旅游发展的困境与对策》，《湖南社会科学》2011 年第 4 期。

裘亦书、邝振华、姜红：《基于大数据的旅游公共服务获得感研究——以长三角城市群为例》，《地域研究与开发》2021 年第 6 期。

荣浩、王纯阳，《论社会转型期我国旅游公共服务的内涵、特性与分类框架》，《商业经济研究》2015 年第 21 期。

荣浩等：《论社会转型期我国旅游公共服务的内涵、特性与分类框架》，《商业经济研究》2015 年第 21 期。

尚海涛、张金胜：《公共产品供给模式的效率表现与非效率解》，《西北大学学报》2010 年第 6 期。

宋瑞：《旅游业供给侧改革是机遇也是考验》，《中国旅游报》2016 年 3 月 9 日。

宿一兵：《美国公共服务理论对中国农村公共服务改革之启示》，《湖南农业大学学报》2005 年第 6 期。

孙怡：《"三自"时代下构建滨湖区旅游公共服务体系的探索与建议》，《经贸实践》2015 年第 8 期。

唐棣：《论传统出版与数字出版的协同效应》，《才智》2015 年第 26 期。

唐贤伦、李瑞、殷红梅、陈品玉：《我国供给侧结构性改革背景
    下的全域旅游发展理论体系研究》《改革与战略》2017 年第
    9 期。

陶宁：《少数民族旅游业的公共服务供给状况研究》，《贵州民
    族研究》2017 年第 8 期。

汪利锬：《我国参与式公共服务供给模式研究——理论模型与经
    验证据》，《财经研究》2011 年第 5 期。

王芳等：《旅游主体价值观对旅游公共服务体系建设的多向影响
    研究》，《保山学院学报》2013 年第 3 期。

王佳欣：《中国旅游公共服务供给机制发展变迁研究》，《改革
    与战略》2017 年第 6 期。

王佳欣、张再生：《基于游客需求视角的旅游公共服务供给次序
    研究》，《贵州社会科学》2017 年第 7 期。

王京传等：《服务接触：目的地建设旅游公共服务体系的新视
    角》，《旅游学刊》2012 年第 27 期。

王镜、马耀峰：《消费主义与我国旅游消费的异化》，《生态经
    济》2007 年第 2 期。

王君、侯晓斌：《旅游经济学视阈下对公共文化服务的思考——
    基于供需矛盾与实现路径》，《经济问题》2022 年第 11 期。

王莎莎：《秦皇岛旅游公共服务体系建设的问题与建议》，《重
    庆科技学院学报》2011 年第 3 期。

王晚霞：《旅游公共服务市场化与政府的作用研究》，《中国高
    新技术企业》2015 年第 32 期。

王信章：《旅游公共服务体系与旅游目的地建设》，《旅游学刊》
    2012 年第 27 期。

王莹：《公共产品与公共服务：文献述评》，《财政经济评论》2010年第1期。

王莹等：《基于产业链的乡村社区旅游公共服务市场化供给与政府激励性规制探析》，《旅游论坛》2015年第5期。

王永桂：《旅游公共服务水平评价研究——基于模糊综合评价方法分析》，《内蒙古农业大学学报》2011年第5期。

王永桂：《旅游公共服务水平评价研究——基于模糊综合评价方法分析》，《内蒙古农业大学学报》（社会科学版）2011年第13期。

王毓梅等：《四川旅游度假区旅游公共服务体系建设问题研究》，《旅游纵览（下半月）》2013年第10期。

王悦、赵美玲、耿蕊、胡钰璇、张翔、狄昌娅：《供给侧改革下江苏省旅游业发展研究》，《现代商业》2017年第19期。

王兆峰：《湖南旅游产业转型与结构升级优化研究》，《湖南科技大学学报》2011年第1期。

韦鸣秋、白长虹、华成钢：《旅游公共服务价值共创：概念模型、驱动因素与行为过程——以杭州市社会资源国际访问点为例》2020年第3期。

吴必虎：《泛旅游需要更完善的旅游公共服务体系支持》，《旅游学刊》2012年第3期。

吴必虎：《泛旅游需要更完善的旅游公共服务体系支持》，《旅游学刊》2012年第27期。

吴冬颖：《完善旅游公共服务增强哈尔滨旅游业发展后劲》，《学理论》2015年第7期。

吴玲敏：《"南展西扩"战略背景下湖南省冰雪旅游公共服务发展研究》，《太原城市职业技术学院学报》2018年第12期。

吴源等：《广州亚运旅游公共服务体系构建及保障措施》，《企业导报》2010 年第 5 期。

伍海琳等：《供需感知视角下的旅游公共服务体系整合开发探析——以长沙市为例》，《湖南人文科技学院学报》2015 年第 4 期。

武恩钧：《我国健身体育旅游公共服务体系动力机制构建研究》，《山东体育科技》2013 年第 5 期。

夏杰长：《促进旅游公共服务体系建设的政策着力点》，《社会科学家》2019 年第 5 期。

夏玮：《论服务型政府的公民本位指导理念》，《沈阳师范大学学报》2008 年第 3 期。

肖婷婷等：《从桂林国家旅游综合改革试验区看旅游公共服务质量评价驱动因素研究》，《江苏商论》2011 年第 11 期。

肖婷婷等：《基于因子分析的旅游公共服务游客满意度研究——以桂林国家旅游综合改革试验区为例》，《北京第二外国语学院学报》2011 年第 33 期。

谢朝武等：《面向旅游者安全的公共服务体系研究》，《华侨大学学报》2011 年第 1 期。

徐冬东：《旅游公共服务体系建设中的政府职能分析》，《旅游纵览》（下半月）2014 年第 5 期。

徐虹、李秋云、马新颖：《天津市旅游公共服务供给现状与提升对策调查研究》，《天津商业大学学报》2016 年第 3 期。

徐晋：《宏观制度经济学导论——泛函原型、量化理性与分布效用分析》，《中国矿业大学学报》2018 年第 1 期。

徐菊凤等：《旅游公共服务的理论认知与实践判断——兼与李爽商榷》，《旅游学刊》2014 年第 1 期。

闫栋栋等：《拉萨市旅游公共服务体系构建及评价》，《旅游纵览》（下半月）2014 年第 11 期。

杨国华，郑奔，周永章：《发展模式变迁的路径依赖及其创新选择》，《生态经济》2006 年第 8 期。

杨国华等：《发展模式变迁的路径依赖及其创新选择》，《生态经济》2006 年第 8 期。

杨雪冬：《"治理"的九种用法》，《经济社会体制比较》2005 年第 2 期。

姚巧华：《论新农村建设背景下的土地制度改革取向》，《大连大学学报》2007 年第 5 期。

叶全良、荣浩：《旅游公共服务供给制度变迁的路径依赖与创新选择》，《湖南社会科学》2012 年第 2 期。

叶全良等：《基于层次分析法的旅游公共服务评价研究》，《中南财经政法大学学报》2011 年第 3 期。

尹鹏、段佩利：《国内外旅游公共服务研究比较与展望》《鲁东大学学报》2020 年第 3 期。

袁礼斌、刘海军、沈正平：《论区域经济增长的动力模型》，《徐州师范大学学报》2003 年第 1 期。

曾维和：《新公共管理的组织结构限度及超越》，《中国地质大学学报》2009 年第 6 期。

曾宪奎：《五大发展理念：供给侧结构性改革的指导原则》，《佳木斯大学社会科学学报》2017 年第 1 期。

战丽娜等：《跨行政区旅游公共服务平台建设实证分析——以东北东部（12＋1）市（州）为例》，《现代经济信息》2015 年第 11 期。

张晨：《城市旅游公共服务体系建设与完善措施》，《标准科学》

2013 年第 2 期。

张钢等：《地方政府公共服务质量评价体系及其应用》，《浙江大学学报》2008 年第 6 期。

张慧：《马斯洛需要层次理论在大学生教育管理问题中的应用研究》，《亚太教育》2015 年第 23 期。

张劲松、纳麒：《从全能政治到有限政治：国家与社会关系的重大调整》，《思想战线》2006 年第 6 期。

张俊霞等：《综合绩效评价指标体系构建分析——基于平衡计分卡的旅游公共服务》，《现代商贸工业》2011 年第 18 期。

张萌、张宁、朱秀秀、陈蔚：《旅游公共服务：国际经济与启示》，《商业研究》2010 年第 3 期。

张萌等：《旅游公共服务：国际经验与启示》，《商业研究》2010 年第 3 期。

张森林：《我国旅游高等教育的产生与发展》，《四川旅游学院学报》2017 年第 2 期。

张树俊：《季节性旅游与旅游公共服务机制建设——基于兴化千岛菜花节旅游的调查与思考》，《柳州职业技术学院学报》2015 年第 4 期。

张泰城等：《旅游公共服务建设中地方政府行为分析》，《中州学刊》2009 年第 4 期。

张文秀：《新疆旅游公共服务体系游客感知评价研究——来自供需平衡视角下的调研统计分析》，《新疆农垦经济》2015 年第 3 期。

张晓亮、张小明：《从公共经济学看水利产品及服务的有效提供》，《水利科技与经济》2006 年第 9 期。

张新成：《中国乡村旅游公共服务水平时空演化及成因分析》，

《旅游学刊》2021年第11期。

赵华：《新媒体视角下城市旅游公共服务体系的构建》，《新闻战线》2014年第10期。

赵宇飞等：《略论吉林省旅游公共信息服务体系建设》，《现代营销》（学苑版）2014年第10期。

赵子建：《公共服务供给方式评述》，《中共天津市委党校学报》2009年第1期。

郑书耀：《现实政府供给公共物品的困惑——从公共物品供给效率的考察》，财经理论与实践〕2009年第2期。

钟栎娜、董英超：《地方智慧旅游公共服务平台持续使用意愿研究》，《旅游学刊》2024年第1期。

周坤等：《亚旅游目的地城市旅游公共服务体系优化路径》，《商业时代》2014年第30期。

周瑞雪等：《散客时代河南省旅游公共服务体系的实证研究》，《四川旅游学院学报》2014年第3期。

邹成成等：《旅游公共服务的体系构建研究》，《商业经济》2013年第4期。

左林江：《公共行政中的混沌与复杂性理论》，《西南科技大学学报》2006年第4期。

Eva Sorensen, Jacob Torfing, "Network Governance and Post-liberal Democracy", *Administrative Theory and Praxis*, Vol. 27, No. 2, 2005.

Grout, P. A., Stevens, M., "The Assessment: Financing and Managing Public Services", *Oxford Review of Economic Policy*, Vol. 19, No. 2, 2003.

Hansman and Henry, "The role of Nonprofit Enterprise", *Yale Law*

Journal，No. 89，April，1980.

Miller，G. J.，Moe T. M.，"Bureaucrats，Legislators，the Size of Government"，*The American political Science Review*，Vol. 177，No. 2，1983.

Samuelson，Paul A.，"The Pure Theory of Public Expenditure"，*Review of Economics and Statistics*，No. 36，1954.

Tie bout，C. M.，"A Pure Theory of Local Expenditures"，*Journal of Political Economy*，Vol. 64，No. 5，1957.

三　学位论文

陈洁：《旅游公共服务体系构建研究》，硕士学位论文，云南财经大学，2014 年。

谷艳艳：《城市旅游公共服务体系构建与质量评价》，硕士学位论文，上海师范大学，2011 年。

何池康：《旅游公共服务体系建设研究》，博士学位论文，中央民族大学，2011 年。

李康：《广东省旅游公共服务体系建设的现状及其优化研究》，硕士学位论文，兰州大学，2014 年。

李爽：《旅游公共服务供给机制研究》，博士学位论文，厦门大学，2008 年。

刘慧洁：《乡村社区旅游公共服务市场化供给政府激励性规制研究》，硕士学位论文，浙江工商大学，2015 年。

覃蕊：《云南省旅游公共服务供给状况研究》，硕士学位论文，云南大学，2013 年。

陶丹萍：《网络治理理论及其应用研究———一个公共管理新途径的阐释》，硕士学位论文，上海交通大学，2008 年。

万艳霞：《桂林市旅游安全信息公共服务体系构建研究》，硕士学位论文，广西师范大学，2014 年。

王佳欣：《基于多中心视角的旅游公共服务供给机制研究》，博士学位论文，天津大学，2012 年。

乌伊罕：《克什克腾旗旅游公共服务体系建设：现状、问题与对策》，硕士学位论文，中央民族大学，2013 年。

闫越：《我国公共服务供给的体制机制问题研究》，博士学位论文，吉林大学，2008 年。

杨东鹏《南京市旅游公共服务体系政策支持研究》，硕士学位论文，南京农业大学，2013 年。

余斌：《旅游公共服务体系建设中的政府职能研究》，硕士学位论文，华南理工大学，2012 年。

喻江平：《旅游目的地旅游公共服务体系建设研究》，硕士学位论文，燕山大学，2012 年。

张苗：《云南旅游公共服务体系建设研究》，硕士学位论文，云南财经大学，2014 年。

张侠：《都市旅游发展与政府职能研究》，博士学位论文，华中师范大学，2009 年。

张颖：《美国公共产品供给演进轨迹研究》，博士学位论文，辽宁大学，2008 年。